## 版权声明

*Princesses, Dragons and Helicopter Stories: Storytelling and Story Acting in the Early Years*

© 2016 Trisha Lee

All Rights Reserved.

Authorized translation from the English language edition published by Routledge, a member of the Taylor & Francis Group.

Copies of this book without a Taylor & Francis sticker on the cover are unauthorized and illegal.

本书原版由Taylor & Francis出版集团旗下Routledge出版公司出版，并经其授权翻译出版。

本书封面贴有Taylor & Francis公司防伪标签，无标签者不得销售。

保留所有权利。非经中国轻工业出版社"万千教育"书面授权，任何人不得以任何方式（包括但不限于电子、机械、手工或其他尚未被发明或应用的技术手段）复印、拍照、扫描、录音、朗读、存储、发表本书中任何部分或本书全部内容，以及其他附带的所有资料（包括但不限于光盘、音频、视频等）。

中国轻工业出版社"万千教育"未授权任何机构提供源自本书内容的电子文件阅览、收听或下载服务。如有此类非法行为，查实必究。

Princesses, Dragons and Helicopter Stories
Storytelling and Story Acting in the Early Years

# 儿童故事创编与表演

［英］特丽莎·李（Trisha Lee）／著

刘映／译

中国轻工业出版社

图书在版编目（CIP）数据

儿童故事创编与表演／（英）特丽莎·李（Trisha Lee）著；刘映译. —北京：中国轻工业出版社，2024.1
ISBN 978-7-5184-4545-5

Ⅰ.①儿… Ⅱ.①特… ②刘… Ⅲ.①故事课－教学研究－学前教育 Ⅳ.①G613.3

中国国家版本馆CIP数据核字（2023）第172673号

责任编辑：牟　聪　　责任终审：张乃柬
策划编辑：牟　聪　　责任校对：刘志颖　　责任监印：吴维斌

出版发行：中国轻工业出版社（北京鲁谷东街5号，邮编：100040）
印　　刷：三河市鑫金马印装有限公司
经　　销：各地新华书店
版　　次：2024年1月第1版第1次印刷
开　　本：880×1230　1/32　印张：6.75
字　　数：95千字
书　　号：ISBN 978-7-5184-4545-5　定价：42.00元
读者热线：010-65181109
发行电话：010-85119832　　010-85119912
网　　址：http://www.chlip.com.cn　　http://www.wqedu.com
电子信箱：1012305542@qq.com
如发现图书残缺请拨打读者热线联系调换
230131Y1X101ZYW

# 译者序

## 一

在 2016 年，我第一次接触薇薇安·嘉辛·佩利（Vivian Gussin Paley）的著作。那年我在我国台湾地区的台东大学参加第十三届亚洲儿童文学大会，在会议间歇，我看到了毛毛虫儿童哲学基金会展示的书籍，其中就有佩利的著作。那时大陆尚未有佩利的著作翻译面市，因此我初次接触佩利的著作时所体会到的新鲜和震撼，时隔多年仍清晰可忆。

在我攻读博士学位期间，这种缘分奇妙地延续了下来，并且让我有了更深的理解。我的博士论文选题围绕幼儿园故事教育所需要的教师素养（亦称教师故事力）展开，需要对关于故事教育的国内外理论和方法做一些研究。已有文献显示，就我国的学前教育界来看，从陈鹤琴、张雪门等先驱到当代的从业者，主要是围绕"故事选取""故事讲述"和"故事教学"来展开研讨，幼儿园教师的"故事力"体现在能够为儿童选好故事、能够绘声绘色地讲好故事，以及能够在一日生活和集体活动中使用好故事进行教学。就国外而言，从 20 世纪 70 年代开始，故事教育和教师故事力的研究呈现出三种不同的发展取向。第一种是"口头艺术"取向,最早是艾克斯和诺拉·科特讷(Aiex & Nola Kortner,1988)及阿明·R. 舒尔茨(Armin R. Schulz,1994)等研究者,把教师讲故事追溯到古老的口头艺术(oral art)传统,认为教师要探索语言的表达力,对故事情节要有理解,讲故事时要注意情节。第二种是"教学方法"取向,主要把故事当成教学资源(Teresa L. Wu,1999;H. W. Tin,2013),从故事结构中吸取教学组织结构的灵感(Egan,1989;Anne Grete Solstad,2009)。第三种是"叙事权力"取向,其代表人物就是薇薇安·嘉辛·佩利。

从20世纪80年代开始,佩利在课堂上重视儿童的叙事权力,鼓励儿童自由地说自己的故事,教师通过儿童所述的个人故事来理解儿童,并且支持儿童间形成以"故事"为黏合剂的文化场。南希·W. 威尔茨和格雷塔(Nancy W. Wiltz & Greta,1996)称赞佩利的故事说演法[①]背后的教育哲学是一种革命,幼儿园教师的使命就是耐心地倾听,并且给予儿童所讲述的故事用身体表达的机会。后续有很多研究者用长达十多年的跟踪研究证明了佩利的故事说演法的有效性,如朱迪·帕克(Judi Pack,2007)、帕特里西娅·M. 库珀(Patricia M. Cooper,2009)等人的研究都证明了该方法对塑造幼儿园教室文化的强大作用。

通过将国内和国外的研究进行比较,我发现,我国对于幼儿园故事教育和教师故事力的探讨,大多集中在"口头艺术"取向

---

① 英文为"Story Telling and Story Act",可简称为STSA方法。

和"教学方法"取向上,较少地从"叙事权力"取向来考察故事对于幼儿园教育的意义。我们亟须拓宽看待故事教育的视角,改变对教师在其中的角色和作用的看法。这种拓宽和改变就是将视角从"口头艺术""教学方法"转向"叙事权力",重新审视幼儿园的故事教育、幼儿园教师的故事力。这是非常必要的,因为"叙事权力"取向所蕴含的教育理念,正是当下我们一直提倡的儿童中心、儿童权利、儿童文化等理念,是符合儿童生命之道的。

叙事权力本质上是生命的表达权力。"生命"才是"叙事权力"之于幼儿园教育的根脉所在。正如威廉·狄尔泰(Wilhelm Dilthey)的生命哲学理念,他强调生命的"体验-表达-理解",生命的表达是生命体验走向生命理解的必经之路,也是生命存在的必要形式。佩利的故事说演法提倡赋予儿童讲故事的权力、倾听儿童所述的故事、鼓励儿童创造性地表演故事,这些正是儿童的生命得以表达的主要形式。我发现,"生命表达"是故事教育中的儿童生命得以存在和显现的根基,也是儿童为何喜欢听故事,为何需要故事,为何需要讲述自己的故事等基本问题的答案。生命的成长在于其丰富的生命体验,生命体验需要加以表达,通过生命的表达,人得以确证生命的存在,而叙事是重要的生命表达方式(刘慧,2005)。

至此,我认为儿童通过讲述自己的故事,而非简单地复述教师的故事,能够将自己的生命体验从内在状态加以外显,从碎片状态加以整合,进而建构自我理解,促进与他人的相互理解。这种生命色彩意味着佩利的故事说演法是符合儿童的生命之道的。在幼儿园教育中，尊重儿童的叙事权力，就是尊重儿童的生命。打破儿童的叙事闭锁，还原儿童的叙事权力，能够改善幼儿园的叙事生态，最终促进儿童生命的健康成长。

## 二

从实践上来看，"叙事权力"取向下的故事教育活动，与我们在幼儿园中习以为常的活动大相径庭。对于传统的故事教育活动，最常见的教学样态是教师说故事，儿童听故事，或者儿童复述教师的故事。即使是当下最火热的绘本教学，也强调故事的文本属性、知识属性和教育属性，试图从故事文本中挖掘更多的教育价值以"影响"儿童，这在很大程度上依然是知识取向和能力取向的。比如，教师常常希望通过故事来增强教学效果，通过故事的复述来提升儿童的语言能力。在这样的教育现场，我们看到教师说得多，儿童说得少；即使儿童说了，也是按照教师的意愿和教师的标准去说。所谓的标准背后，则是一套科学主义式的评价儿童的知识观和能力观，至于儿童的个体生命是否在场，并不是教师关注的重点。

由此，儿童拥有叙事的权力，是故事活动是否具有生命理念的分水岭。从这个意义上来看，佩利的故事说演法必定以其"故事赋权""公平教育""儿童取向"等特点，冲击和改变幼儿园中的"教师－儿童"的叙事权力结构,进一步解放儿童的叙事权力,将儿童的生命带回教育现场。这对于国内学前教育界开拓故事教育的多样性,改进幼儿园教师的儿童观,都是大有裨益的。

从理论到实践的过程往往需要强有力的思想传播。一种新思想的传播,离不开著作的译介和发行。就佩利的思想而言,首先需要佩利本人的著作得到译介和广泛传播,其次才是佩利思想的研究者和实践者的著作的译介。很幸运的是,通过佩利著作的中文译著的出版发起者、推动者、践行者和儿童阅读研究者孙莉莉博士与相关出版社不懈的努力,近几年已陆续出版了十余种佩利的著作。我正是在第十三届亚洲儿童文学大会的参会期间与孙莉莉博士相识。当时孙莉莉博士许下的宏愿,短短几年,真的都变成了现实。

随着佩利的中文译著流传开,越来越多的从业者开始进行本土化实践。作为一直开展幼儿园教师培训工作的我,非常希望能系统性地进行该方法的应用研究。通过不懈努力,我与我的合作伙伴张莉博士提交的《倾听儿童的声音:基于理解儿童的STSA方法应用研究》课题,于2019年得到了上海真爱梦想基金会的资助,并在广州市番禺区石碁镇教育指导中心的支持下得以顺利落地。我们的研究在5所幼儿园的15个班级里开展。在一年的时间里,我们培训了30多名幼儿园教师,收集了500多个儿童所述的故事。更重要的是,通过教师提交的反思报告,我们可以看到故事说演法切实地改变了教师对故事活动的工具性、知识性、能力性的单向度理解，转而更关注如何通过故事来赋权儿童、倾听儿童、理解儿童，进而从控制型教师角色走向理解型、支持型教师角色。

## 三

尽管课题在 2021 年已顺利结题，但对于佩利的故事说演法的思考和探索并未停止。要真正做好让儿童讲述自己的故事，记录儿童的故事，带领儿童进行故事表演，并不是容易的事情。我在与幼儿园教师的沟通中发现，他们在实践中依然有很多疑问（比如哪些可以做，哪些不可以做），他们经常纠结于日常工作中的诸多细节。

我在查阅资料时，发现了英国的 MakeBelieve Arts[①] 创建的网站，上面记录和发布了大量推广佩利及其故事说演法的案例，她们将自己开展相关实践的方法命名为"直升机故事"（Helicopter Stories）。我曾经截取了小部分的案例视频片段，用于幼儿园教师培训，让教师有更直观的感受，效果非常好。当时，我就萌生了将"直升机故事"的更多内容介绍给国内从业者的想法。

---

[①] 中文大意即"想象艺术"，是本书作者创办的致力于推广故事说演法的机构的名称。该机构既面向 3—11 岁儿童开展故事说演活动，又能够为教师和家长提供相关的培训服务。——译者注

# 译者序

缘分就是那么奇妙，在 2022 年的某天，中国轻工业出版社万千教育编辑部的老师找到了我，询问我能否翻译一本书。我打开文件一看，居然就是 MakeBelieve Arts 的创始人特丽莎·李（Trisha Lee）的著作。特丽莎将自己 20 多年来致力于实施佩利的故事说演法的心得、大量鲜活的一手经验，以细致入微的写作，呈现于世人。这不就是我心心念念地要引入国内的、具有很强的实操性的"直升机故事"吗？

这本书将极大地方便我国幼儿园教师实施佩利的故事说演法。

其一，本书很适合初次接触该方法的教师。作者介绍了如何在一个班级里启动该项工作。教师利用已有的故事，召集儿童亲身体验表演故事的快乐，自然而然地启动儿童诉说自己的故事（个人故事）的历程。

其二，本书是故事说演法的工作指南。作者对教师在倾听儿童讲述故事、记录故事和带领儿童表演故事时可能遇到的种种问题做出了解答，并按照适宜的步骤做了细致的介绍。

其三，本书探讨了故事说演法的原理。作者将戏剧理论、故事理论与大量的真实案例结合分析，一边还原儿童和教师在教学现场的所思、所想、所行，一边对现象进行分析和解读，读来常常令人恍然大悟，不禁拍手称赞。

得益于戏剧专业背景，在长达 20 余年的职业生涯中，特丽莎将戏剧理论和实践很好地与佩利的故事说演法进行了融合。作者在书中记录了她观察到的不同国家的从业者发展出的多种故事说演活动。更有趣味的是，书中还引入了新兴的在线技术，英国的孩子与美国的孩子通过视频软件，实现了跨越洲际的儿童故事说演活动，这对我们有新的启发。

带着对佩利这位蜚声国际的幼儿园教师的崇敬之情，带着几年来在幼儿园里开展故事说演实践和研究的真切体验，带着赋予儿童叙事权力、构建有利于儿童生命健康成长的幼儿园叙事生态的良好愿望，我接受了翻译工作的邀约，力争尽快将此书带给所有想要实践佩利的故事说演法的从业者和爱好者。感谢我的导师刘慧教授给予我的教导和支持，感谢孙莉莉博士的鼓励和帮助，感谢张莉博士及研究团队的真知灼见，还有本书的责任编辑的敬业精神和专业素养，让这本书可以尽快与读者见面。

囿于本人水平有限，不足之处在所难免，敬请读者指正。

刘映

2023 年 5 月 7 日

# 原著推荐序

在世界各地的教室里，特丽莎·李扮演着一个有魔法的角色。仅仅靠手上的笔、纸和胶带，她可以把任何一群孩子变成一个表演故事的团体。儿童成为说故事人、演员和观众，他们的老师成为故事记录者、旁白叙述者和舞台监督者；教室变成了孩子们最爱的虚构世界。

特丽莎的这本引人入胜且具有启发性的书，对于我们这些担心技术正在偷走童年魔力的人来说是一种宽慰和愉悦。她向我们展示，释放儿童的独特性和诗意天性的依然是儿童自身的想象力。这些故事来自儿童，每一个表达在情节里被重新想象，儿童能够和同伴一起表演，从而使故事变得更有意义和更丰富。幻想的力量可以增强幼儿的语言能力，并有助于建立共同体。特丽莎以其技巧和热情一步步带领我们完成整个过程。

人类生来就知道如何将自己的思想和形象融入故事之中。如果幼儿能够在同伴的陪伴下表演故事，那么即使是最腼腆的3岁孩子也会渴望将故事口述出来。尤为幸运的是，一间幼儿教室里充满了各种各样的角色，足够满足我们所有的梦想。我们的超级英雄和小熊、我们的妈妈、恐龙和逃跑的小猫都在等着被邀请上台。

事实上，孩子们会这样：如果你让我假扮成我想要的样子，并且每个人都看着我、听我说，那么我就会跟你说我的故事，听你说你的故事。相应地，教师会这样：如果你和你的同伴一起表演你们的故事，那么我们将在一个更友好、更慷慨和更体贴的班级共同体中帮助彼此，从而揭示我们是谁，以及我们想成为谁。

孩子们假装的超级英雄不是一直在没有教师的帮助下从怪物手中拯救妈妈和小熊吗？而当这些情节和人物被孩子们口述、写下来，并表演出来时，真的有那么大的不同吗？这是本书为我们解答的众多问题之一，同时我们将从其中得到快乐和激励。

特丽莎是一位有说服力的剧作家。她钦佩和尊重儿童在故事说演中展现出的丰富感情和想象力，这让我想重返幼儿园教室，再次回到孩子们的剧场中找到我的位置。

薇薇安·嘉辛·佩利（Vivian Gussin Paley）
芝加哥，伊利诺伊州

薇薇安·嘉辛·佩利是芝加哥大学实验学校的退休幼儿教师。她出版了许多关于她的工作的书。1987年，她获得了埃里克森儿童服务奖；1989年，她获得了麦克阿瑟奖；1998年，她获得了前哥伦布基金会颁发的美国图书奖；2000年，她获得了约翰·杜威协会颁发的社会杰出成就奖；2004年，她被美国英语教师理事会评为杰出教育家。

20多年来，特丽莎一直致力于实施佩利的故事说演课程（Storytelling and Story Acting curriculum）。通过MakeBelieve Arts，特丽莎和同事伊丝拉·希尔（Isla Hill）基于故事说演课程设计了一个专业发展项目。该专业发展项目致力于推广"直升机故事"。

2013年，英国开放大学对"直升机故事"进行了评估。自那时起，MakeBelieve Arts在英国各地建立了"直升机卓越中心"，并为"直升机故事"初学者和"直升机故事"专业人才提供培训。

在接下来的章节中，特丽莎探索了故事和幻想游戏如何吸引幼儿，并帮助他们建立联系，进而理解世界。

# 原著序：扎辫子的女孩

想象一下，在格洛斯特郡的一所学校里，一个扎着辫子的女孩坐在书桌旁。这是 1975 年，女孩看起来很无聊。她坐立不安，总是和她的同伴聊天，最后她被赶出了教室。几年过去了，这种情形反复出现：她心神不定，窃窃私语，因而屡次在空荡荡的走廊里罚站。但在有一节课上，她从未出现过上述情形。在这节课上，她从未被"赶"出去；在这节课上，她从不需要被教师反复提醒注意；在这节课上，她发现了"乌托邦"。

这节课是戏剧课，这个女孩就是我。

学校里的经历让我感到很挫败。我是那个在走廊里待的时间比在教室里都多的孩子。如果你问我的过错是什么，那么每位教师都会给你列出相同的清单：我是个坐立不安的人，总是动来动去；我说得太多，从来不会倾听；只有在戏剧方面，我才出类拔萃。

不用说，我在 16 岁就离开了学校，没有什么专业资格认证，只有对戏剧的一腔热情。由于太年轻，我无法申请戏剧类院校，于是我成立了一家戏剧公司，并开始向青年俱乐部巡回演出有关青年失业的节目。我用我的救济金创办了这家公司，向青年群体收取 5 英镑①的观看费，并获得了利润。然而，在我的学校看来，我是个失败的女孩。

19 岁时，没有 A-Level 课程②证书的我，只拥有决心和拒绝接受否定答案的态度，我设法在达丁顿艺术学院（Dartington College of Arts）获得一个就读的机会，并开始攻读戏剧学位。

开始探索自己钟爱之事的结果是，我敞开心扉地学习。我意识到，不管教师曾经说过我什么，我都有自己的头脑，只要面前的工作能让我兴奋，我是能够坐下来学习的。

多年后，我弄清楚了多元智能（multiple intelligences），我发现我并不是一个坐立不安的人，我是一个动觉型学习者。我需要通过行动去思考。我的老师可能是对的，我确实话太多了，但我有良好的人际交往能力。我关心班上的人，想了解他们的生活，和他们一起解决问题。在学校里，老师花了很多时间来批评我的学习风格，以至于没有看到这些能力带给我的优势。

在戏剧学校里，我的精力充沛让我能够全神贯注。我不再容易分心。我的神经元在"放电"，让我能够通过长时间的工作赶上我的同学。我想自己可以"聪明"到足以理解这个激发了我的

---

① 鉴于英镑与人民币的汇率时常变动，故不在此换算。——译者注
② 全称为"General Certificate of Education Advanced Level"，指英国高中课程，是英国全民课程体系，是英国普通中等教育证书考试高级水平课程，也是英国学生的大学入学考试课程。A-Level 课程证书被几乎所有英语授课的大学作为招收新生的入学标准。——译者注

激情的主题。

我处在一个可以冒险的环境中。我尝试了不同的角色。我编造故事，在各种各样的场景中表演，运用象征、隐喻和假想，通过假装游戏来探索社会关系。此外，我有幸在4年的时间里，每周有5天都可以这样做。

不管别人说什么，我都坚信：戏剧学校是成人的幼儿园。正是通过这种形式的教育，我迈入了二十几岁，有了重新学习的动力。

知之者不如好之者，好之者不如乐之者。

——孔子

1988年，我离开大学，开始从事戏剧和教育工作。我很幸运地发现了自己内心的激情，或者如肯·罗宾逊[①]（Ken Robinson，2009）所说，我发现了我的"天赋"。我开始着迷于研究儿童的学习方式，我想知道为什么教育让我感到失败。我开始把自己喜欢的戏剧作品和儿童的幻想游戏联系起来。我知道其中存在着联系，但我花了很长时间才理解它。然后在1999年，我偶然发现了佩利的作品。我终于开始明白了。

---

① 世界著名的人类潜能开发、人类创造力开发专家，其著作《让天赋自由》（*The Element*）已被引入我国。——译者注

本书分享了在过去的 20 多年中，我和许多共事的人发现的一些故事，这些故事使我成为佩利的故事说演课程的倡导者，该课程是儿童获得早期发展的基础。

本书的第一部分是我开发的一个分步指南，以支持从业者（practitioner）①在他们所处的环境中提供定期的故事说演课程。第二部分探讨了支持这一课程的、以儿童为中心的理念。

在 MakeBelieve Arts 里，我们将这本书中的故事说演法称为"直升机故事"，取名于佩利的《直升机男孩》(*The Boy Who Would Be a Helicopter*, 1990)。"故事说演"存在许多其他的名称，也已被世界各地广泛采用。我听说过的有故事广场（Story Square）、故事游戏（Story Play）、制作故事（Doing Stories）、讲故事课程（Storytelling Curriculum）、地毯剧（Carpet Drama）、魔毯活动（Magic Carpet）等名称。

不管你怎么称呼它，我相信如果你经常与一群儿童一起使用它，那么你会发现自己置身于让想象力飞翔的不可思议之处。

---

① 指面向儿童开展故事说演课程的人，一般是幼儿园教师。在实施过程中，当教师的职责是忠实地记录幼儿所讲的故事时，他们是记录者；当教师的职责是指导幼儿表演时，他们是指导者。随着职责不同，教师的角色也会发生变化，在全书中的译名也会有所改变。——译者注

# 目　录

### 第一部分　方法
### 直升机故事：四个步骤

第一章　期待感——初次了解故事表演 …………………… 003

第二章　"有人愿意讲故事吗？"——在舞台边说故事 ………… 025

第三章　创造故事共同体——记录个人故事 …………………… 045

第四章　至关重要的最后一步——表演故事 …………………… 069

### 第二部分　原因
### 故事说演

第五章　魔幻之地——为什么故事如此重要 …………………… 095

第六章　我们也许不愿意听到的故事——枪、超级英雄和禁忌 … 109

第七章　直面怪物——在安全的空间里解决问题 ……………… 129

第八章　嘘，别告诉任何人——这个大秘密 …………………… 147

第九章　她撞到了，她飞起来了，她掉到地上了——
　　　　是支架，还是示范 …………………………………… 159

第十章　持续发展——让故事说演适应新观众 ………………… 175

参考文献 …………………………………………………………… 191

# 第一部分 方法

## 直升机故事：四个步骤

没有深入生活发生之处，

教室就无法创造自己的传奇。

——佩利（1990）

# 第一章

## 期待感

### ——初次了解故事表演

有五只蜘蛛；它们在自己结的网上爬行。
突然，天变黑了，有闪电，在四周旋转。
所有的蜘蛛都吓了一跳，跑回了家。
那是一个怪物，踩着脚，发出声音。

（内森，4岁）

当我们第一次进入剧院，找到自己的座位并坐下时，我们内心沉睡的东西就会活跃起来。我们对自己将要观看的内容充满期待。所处位置决定了我们的期望。无论是身处伦敦西区剧院，还是酒馆顶楼的一个小房间，抑或是尘土飞扬的乡村礼堂，都是如此。有时，我们会在第一场戏开始前，看到舞台上摆放着布景道具。有时舞台是空的，或是用幕布遮住的，向我们隐藏着它的秘密。无论情况如何，人们聚集在一起成为观众所带来的兴奋感，以及我们眼前的区域即将上演故事的事实，都为舞台赋予了一种神秘感。

当我进入一间陌生的教室，第一次分享直升机故事时，我也有一种期待感。当我让儿童聚集在地毯上时，他们并不知道我们要做什么，但当我们手拉手，围成一圈坐下时，我能感觉到他们的好奇。环顾房间里一排排期待的面孔，我想知道我接下来会发现的故事。我很想看看孩子们将如何表演，他们将向我展示什么奇迹。

我从未失望过。

教室里有戏剧的所有元素，敏锐、善于自我审视的教师不需要戏剧评论家来揭示角色、情节和意义。所有人都是演员，都在努力寻找自己所处场景的意义。剧本还没有完全写完，所以我们必须好奇和细心地倾听主要人物，当然，教室里的主要人物是儿童。

（佩利，1986）

我发现，带着"好奇和细心"倾听是这项工作最令人兴奋的方面，就好像一次"即兴创作"的旅行，我和儿童都不知道故事会带我们去向何方。

**一项简单的方法**

故事说演法在理论上是一种简单的方法。教师（记录者）和儿童坐在一起，听儿童的故事，然后一字不差地写下来。在故事讲述和记录完成后，儿童决定他们想扮演哪个角色，然后教师从名单列表上选择下一名儿童来说故事。

在课程的后半段，全班儿童聚在一起，准备观察和表演同伴的故事。地板上会被标记或画出一个简单的舞台，教室就变成了一个剧场。

孩子们准备表演他们的故事了，教室里的观众充满了期待，他们非常安静，等着看幕布升起时会发生什么。当读出第一个故事中的第一句话时，表演就开始了。儿童依次"登上"舞台，成为公主或超级英雄、直升机或龙、婴儿或木乃伊。当表演结束时，坐着的儿童会鼓掌致谢。然后，舞台会被清理干净，为下一个故事做好准备，新的演员也会出现。

在故事表演中，每名儿童都要承担多项责任。有时，他们是观众，着迷地看着同伴表演。片刻之后，他们成为演员，扮演魔法森林中的树木，或是失去母亲的婴儿，抑或是与蝙蝠侠搏斗的坏人。然后他们又成为讲故事的人，能够把自己塑造成他们一直想成为的角色。

导入直升机故事是一个快速的过程。在本章中，我们将探讨实施该方法的第一步。

## 第一步

将一组儿童集合起来，让他们手拉手组成一个大圈，然后坐下。活动空间应该足够大，每名儿童都能舒适地坐着，同时中间必须有一个舞台的空间。

每名儿童都坐在"第一排"是至关重要的。这是圆形剧场,也是参与式剧场。每名儿童都应该能够站起来并踏上舞台,而不必"爬过"他们的同伴。

**创建舞台**

等大家都集合在一起后,我们就可以开始了。

这是一个共同活动。在可能的情况下,要确保所有的成年人都在场。如果一些工作人员正在为下一个活动做准备,那么他们可以不参加。

我们要先用遮蔽胶带标记出一个舞台。通常舞台是长方形的,但有时房间大小或人们坐的方式会让标记的线条更加曲折。这些都无关紧要。唯一重要的是,每个人都坐在舞台的边缘线上,而且里面有足够的表演空间。

**留下舞台**

舞台被创建起来后,可以保留下来,供儿童继续使用。只有在舞台开始老化时,才重新标记舞台。你也可以选择在每次活动结束时移除舞台,并在每次需要时重新创建舞台。在儿童面前,这可以作为一种仪式,也可以作为他们到达之前的准备。

我偏爱把舞台留下来。因为我这样做的话,儿童就会充分使用它。我见过没有受过指导的儿童,他们围坐在舞台边,与同伴一起表演，或者在舞台中心开展故事说演活动。

当然，有时因为地板的现实问题，保留舞台变得不可能。

**我的小提示**

如果你在木地板上留下一个用胶带拼贴出的舞台，那么它往往会留下痕迹，因为它会把清漆粘掉。如果你把胶带放在一块长绒地毯上，那么当你撕开它时，会留下一团黏糊糊的东西[①]。

上述两种情况都源自以往的经验和多次致歉。

如果我有自己的教室，我会在地板上画一个白色的正方形，让故事说演成为房间里的永久特色。

**不同类型的舞台**

我见过其他创建舞台的方式。

在美国的一所学校里，教师在儿童的帮助下制作了一张扎染的床单。在每一个故事表演环节，床单都会被放到地板上。尽管在儿童表演时布料会起皱，但5岁的孩子们能够很好地应对。

由于我的戏剧专业背景，我接受过的训练告诉我，除非是合格的舞台管理人员将地板上的布料沿边贴紧胶带，否则我不会让任何人在上面行走、奔跑、旋转或表演。没有接受过相关训练的

---

① 可以使用美纹纸胶带来代替作者所使用的遮蔽胶带，避免作者提到的问题。——译者注

儿童，在布料上滑动和扭动的时候，会忽略健康和安全问题。儿童有能力应付和处理大多数情况，但当我看到布料包裹着他们的脚踝时，我渴望给他们铺地毯的自由。

另一种选择是使用地垫来表明舞台区域。不过，孩子们在上面表演时，垫子会显得太小和太滑。有时，垫子是原色的，会导致它在儿童表演时过于抢眼和喧宾夺主。不过，有时使用垫子是一个快速且有效的解决方案。

我的首选永远是胶带。谢天谢地，儿童更关心重要的事情，比如讲故事和表演。

## 开场仪式

教师有时会通过仪式化的方式来开始故事说演。有一位教师每次在活动开始时，都会点燃一支香并敲钟。另一位教师则会邀请所有人在舞台周围就位，然后一起拍拍舞台。我最喜欢的方式是我的同事伊丝拉与我分享的。它出自伦敦的一个学前班教室[①]。

儿童围坐在胶带围成的区域边，闭上眼睛。

他们的老师说："当你睁开眼睛时，你的面前将是我们的舞台，这就是你的剧院。"

这些仪式不是我所定义的"过程"的一部分。它们是我们为

---

① 在英国的学制中，3—4 岁为幼儿园（nursery）阶段，4—5 岁为学前班（reception）阶段，5 岁为儿童的入学年龄。——译者注

工作带来的个人火花。它们确保每一个与佩利的方法建立联结的人,都可以获得佩利给予我们的礼物。

**舞台的神奇性**

  一天下午,在威斯敏斯特市的一所学校里,贾马尔在自己的班级里玩耍,我在他所在的学前班中工作。与此同时,伊丝拉正在幼儿班里收集故事。虽然我早上在贾马尔的班级里上过课,但他问伊丝拉是否愿意听他讲故事。伊丝拉向他道歉并告诉他,她只从更年幼的孩子那里听故事。

  贾马尔停下来,陷入沉思。他转向伊丝拉说:"幼儿班有舞台吗?"

  伊丝拉告诉他,舞台已经布置好一整个星期了,并问他是否注意到了。他没有注意到。他急切地问出下一个问题:"舞台在哪里?我能看看吗?"

  伊丝拉把贾马尔带到幼儿班的一个区域,该区域有一个大的矩形形状,由上一周遗留下来的胶带制成。这个舞台和贾马尔教室里的舞台一模一样。

  贾马尔凝视了很长一段时间,然后向"穿越了几个世纪"的舞台力量致意。他弯下腰,用手触摸了一下胶带,点了点头,然后跑开了。

  这个 5 岁的男孩在舞台上表现出了神奇的特质。他对待它的方式是真诚的。在谈到他的后续行为时,伊丝拉说他的身上有一种肃静,她感觉到了他的敬畏感和他意识到了这里是故事发生的地方。

不管他的想法是什么,它们一直陪着他。一周后,当我再次走进他的教室时,他几乎是计划好地跑向我,好像他在泄露一个大秘密,他在我的耳边低声说:"幼儿班也有一个舞台。"

我朝他笑了笑。在那一刻,我们分享了这个秘密。

## 演出过程的开始

在本书中,在每一章的开始和正文中,都有我向新的小组介绍故事说演法时用到的故事。所有的故事都是由 3—7 岁儿童口述的。

如果你想使用其他故事,那么故事最好只包含几个人物,并且有清晰的动作。这能够确保第一个环节不会过于复杂。

要告诉该组儿童,你将要与他们分享的故事是由另一名儿童创建的。请他们帮助把它变成现实。

## 第一个故事

读第一个故事的第一句话。按照儿童围坐的顺序,邀请他们表演各种角色。

一旦开场的角色出现在舞台上,你就可以读出故事的下一行,并引入下一组演员。你在朗读的时候要按照故事的节奏进行,让儿童有时间对故事做出反应。

第一章　期待感——初次了解故事表演

**指导故事表演的一份现场实录**

孩子们好,我想和你们分享一些故事。这些故事是其他孩子在不同的环境中告诉我的。他们是 4 岁的孩子。我想知道你们是否有表演的兴趣。让我给你们读第一个故事。

(朗读)一只小狗看见一朵花。

事实上,让我们从这里开始。(向圆圈中的一个孩子示意)你能假装自己是小狗吗?你能上台吗?小狗是怎么到处走的?你能表演给我看看吗?

(指着圆圈中的下一个孩子)你能假装自己是花吗?你能上台吗?你怎么能让自己看起来像一朵花?

(朗读)小狗闻到了花香。

(问假扮小狗的孩子)能让我看看你闻花香吗?

(朗读)他看到一棵树。

(邀请圆圈中的下一个孩子上台)你会来假扮这棵树吗?我很好奇你会怎么做。真是好极了!

(朗读)小狗绕着树走了一圈,直到它的妈妈来找它。

(再次向舞台上的下一个孩子示意)你会是来找它的狗妈妈吗?狗妈妈怎样走路呢?我能看到你在寻找自己的孩子吗?你能找到它吗?做得太棒了!这就是第一个故事的结尾。我们鼓掌表示感谢好吗?

(第一个故事里的所有孩子都坐回他们原来的地方)

你们想再听一个故事吗?

(朗读)一天,有三只会跳的海龟。

(根据我们在圆圈里的位置,按顺序继续数,请孩子们到舞台上)一、二、三,你们三个能假装是会跳的海龟吗?你认为海龟会怎么跳?我能看到你们扮演的海龟在舞台上蹦蹦跳跳吗?

(朗读)蝴蝶说:"海龟不会跳。"

(指着圆圈中的下一个孩子)让我们看看,你能成为蝴蝶吗?我能看到你在舞台上飞来飞去吗?

(问舞台上的所有孩子)我们一起说"海龟不会跳"好吗?

(朗读)然后一只鹿说:"如果你跳,你就不可能成为海龟。"

(下一个被邀请的孩子)你可以假装是一只鹿吗?我想知道鹿是怎么走路的。你能给我看看吗?

(对全班讲话)我们一起说好吗?"如果你跳,你就不可能成为海龟。"

(朗读)但他们一直在跳,他们是一直跳的海龟,因为有些海龟会跳。

(对全班讲话)让我们鼓掌,表示感谢。你们想再听一个故事吗?

(朗读)有五只蜘蛛。

(指着舞台周围的五个孩子)一、二、三、四、五,你们会来扮演蜘蛛吗?你们能给我看看蜘蛛如何在舞台上爬行吗?

(朗读)它们在自己结的网上爬行。

(对蜘蛛说话)我能看到你在网上爬吗?

(朗读)突然,天变黑了,有闪电,在四周旋转。

(数了数,邀请孩子们登上舞台)一、二,你们会来扮演闪电吗?闪电是如何移动的?你们能做给我看看吗?我能看到闪电旋转吗?

(朗读)所有的蜘蛛都吓了一跳,跑回了家。

(对蜘蛛说话)我能看到蜘蛛看起来很害怕,跑回它们的房子吗?

(朗读)那是一个怪物,跺着脚,发出声音。

(对闪电说话)让我看看闪电变成一个怪物,跺脚并发出声音。

(对全班说话)太棒了,故事到此结束。让我们鼓掌感谢你们。

现在,我想知道是否有人愿意给我讲一个故事。(在第二章中,我将介绍下一个步骤——如何在舞台上描绘一个故事。)

## 鼓掌致谢

在每个故事的结尾,让儿童鼓掌感谢故事讲述者和演员。这能够加强观众的作用,也能够显示出对作品的赞赏。

有时,孩子们在坐下前会鞠躬。如果儿童选择鞠躬,那么我会表示赞许;如果没有,我们会鼓掌,然后演员们会回到各自的位置上。

在一节课上,儿童可以发展出不同的鼓掌方式。根据音乐网站上发布的一段视频,教师问儿童,鸡的掌声是什么样子的,所有儿童在发出动物声音的同时,像鸡一样摆动他们的手臂。然后教师引导儿童,表现出一系列不同类型的掌声(从无声的掌声到大声的掌声,再到一起拍脚发出的声音)。儿童逐渐掌握了这个方法,开始发明属于自己的掌声,包括通过大力摇头创造掌声,以及手臂像机器人一样上下移动创造掌声。这堂课的趣味性得到了提升,每一个故事演完后,我们都加入了这种仪式。

## 一大步

如果把一个 3 岁儿童和其他三个孩子放在一个房间里,那么他们玩着玩着就会开始"演戏"。

如果碰巧有一些年龄稍大的儿童提供舞台指导和对话,那么这种"蜕变"将发生得更早,而不是更晚。

在他们的脑海中飘荡的戏剧性图像,如同许多未受约束的意识流一样,小说开始出现,成为按需演出的可听剧本。

(佩利,1990)

第一次踏上舞台,对儿童和成人来说都是一大步。站起来、向前走和走入未知世界的行为,都不应该被低估。对一些儿童来说,这可能是培养自信的一件大事。

在指导儿童的故事表演时,教师承担着一定的责任。作为支持者,我的责任是照顾我邀请到舞台上的每个人(不管他们的年龄大小）。如果他们还没有准备好，或者轮到他们时他们摇头，我会尊重他们的决定，允许他们仍然充当故事倾听者的角色，而不是试图强迫他们。

当儿童第一次开始表演时，他们经常面对正在读故事的人。有时他们会紧紧地靠在一起，排成一条长队。在刚开始的阶段里这很常见，孩子们会朝一个方向执行所有的动作，好像害怕采取进一步的行动。

在接下来的内容中，可能有一些建议会让儿童行动起来。

## 询问，不示范

当儿童进入舞台时，我会邀请他们展示他们所扮演的角色的动作。我通过提问来做到这一点："我能看到小狗如何在舞台上爬行吗？"

通过介绍"环绕舞台"这个行为，我能够为他们拓展行动空间，建议他们四处走动。对许多儿童来说，这种微妙的提醒是有效的。突然间，他们变成了一只只小狗，在舞台上爬行。

表演是儿童每天都在做的事情。无论是在玩具角，还是在积木区，他们都不断地扮演角色，创造故事。故事表演的特别之处在于，儿童需要在观众面前表演。

## 缺乏自信的儿童

在刚开始接触表演活动时，有些儿童会站着不动。我们不需要给他们施加压力。当他们进入舞台时,他们就踏上了一段漫长的旅程。经验告诉我,当儿童放松时,他们会在表演故事中找到自由。我越不催促他们,他们就越自信。有些儿童比其他儿童需要更长的时间,顺其自然就很好。

**邀请朋友**

如果一名儿童想参与其中,但看起来对自己扮演角色感到紧张,我可能会邀约两个狮子或三个仙女一起走向舞台。这使儿童能够与同伴一起行动。当我们和朋友在一起时,我们会感到更加自信。

从前,有一只会走路的鞋子,鞋子决定去游泳。他沉了下去。然后他说:"也许我应该买个游泳圈?"

有一个小女孩说:"你可以借我的游泳圈。"

(桑迪,5岁)

当我让埃迪扮演"会走路的鞋子"时,他摇了摇头。他坐在杰米旁边,杰米更加自信。我邀请他俩来假扮"鞋"。他们蜷缩在一起,步调一致地穿过舞台,这让观众们捧腹大笑。埃迪不可能独自完成这个表演,但与杰米一起表演能够给予他所需要的支持。

如果故事是教室里的某名儿童讲述的,那么我会确认他是否乐于让多名儿童来扮演同样的角色。大多数儿童都会同意，这是他们在游戏中惯用的协商方式。

迈克尔：我想成为狮子。
杰米：我想成为狮子。
迈克尔：好吧，我们有两只狮子……

如果一名儿童担心出错，可以请故事讲述者来亲自说明这个角色。

## "我很想知道……"

我很想知道狮子是怎么行动的——你能做给我看看吗？

如果一名儿童被要求分享他的做法，而他又很想做得正确，那么"我很想知道……"这句话可以减轻他的压力。

## 使用动词来询问

如果儿童在舞台上站着不动，那么你可以想一想如何通过提问，鼓励他们冒险。使用动词来询问是最有效的。

我能看看公主如何在舞台上走动吗？
你能告诉我蜘蛛侠怎么喷丝吗？

我能看到狮子在丛林中缓慢行进吗？

其他的句子可能也会有所帮助。

你能给我看看孩子们在玩什么游戏吗？
我很好奇，你会怎样假装成一个房子呢？
我能看看妈妈怎么装行李箱吗？
我能听到婴儿啼哭吗？
我们都能假装婴儿在哭吗？

尽管我问儿童他们的角色是如何行动的，但我从未实际演示过一个动作可能是什么样子的。

**尝试这样做**

作为成年人，我们已经掌握了一系列的标准动作。如果有人让我们表演做饭，我们也许会想象自己有一个平底锅，然后开始搅拌；如果有人让我们表演投球，那么我们的动作可能包括肩上投球。

当面向儿童开展工作时，我们很容易就会示范一个动作，并鼓励他们做出反应。但如果我们观察并等待，儿童做出的动作往往会令我们感到惊讶。

如果你发现自己常常主动示范，并意识到这是一个很难打破的习惯，那么在故事表演中，试着束手旁观，看看儿童在没有你的帮助时会做什么。然后，你可以比较这种情况与你示范动作时的情况之间的差别。

## 最细微的动作

当我第一次开展故事说演活动时，我总是和另一个同事一起工作。一个人负责引入课程，另一个人负责记录，写下儿童说的和做的，以便以后我们可以讨论发生了什么。

我们意识到，当引导儿童表演时，我们会向儿童示范他们应该如何行动。直到有一天，我们决定坐下来，束手旁观。

我是第一个尝试这种新方法的人。我正在写的故事来自3岁的米兰达。她非常害羞，这是她的第一个故事。它很短。

"我在玩球。"

我邀请她走上舞台。她面向我站着，离我的腿只有几厘米。我请她给我看看她是怎么玩球的。她看着我，我看着她。我很想示范一下把球扔到空中的动作，但我没有动。我又看了她一眼。然后我真的只是看着她。她的双手合在一起，我以前没有注意到这一点。她的手指轻轻地上下移动，好像轻轻地把球抛向空中，然后又接住了。这是很细微的动作，很容易被错过，但我一看到它，我就知道她在做什么。

"那是你的球吗？"我问。

米兰达点点头。我用和她一样的方式伸出手，开始模仿她的动作。我向所有儿童展示这个动作，并邀请他们加入。他们模仿了米兰达的动作。她的脸上露出笑容，更用力地扔球了。

## 作为物体的人

如果一个故事包含一个物体或建筑，试着把它融入表演，邀请一两名儿童用他们的身体塑造物体或建筑的形状。如果故事里有一座城堡，请故事讲述者帮助演员进行创作。

重要的是，不要让故事中的物体杂乱无章，但如果有什么东西吸引你或使你觉得很重要，那么就问故事讲述者是否愿意有人来演。不要将"身体雕塑"[①]的方法强加给儿童，让他们自己解决问题更有价值。

当你要求儿童表现一个物体时，请先考虑你要求他做什么。请他表现"盖房子"是一个明确的指示。请他表现如何"成为公园"则更为抽象。

如果我想让一个公园"活"起来，那么我会表述得更具体。我会把树或秋千融入进来，而不是让人来表现整个公园。然而，如果故事中没有提到树木、秋千或滑梯，就没有必要创造公园的

---

① "身体雕塑"是教育戏剧中的术语，指用身体创作一幅"定格画面"（即雕塑），此处主要指教师示范动作，学生模仿教师的动作。——译者注

景观。

如果你和故事讲述者商量,他是否希望有人成为其中的一个物体,那么上述情况就不太可能发生。

这是儿童的世界。我们不需要用自己的想象力来描述它。

## 音效

如果一个故事中有激发音效的元素,那么儿童会享受进行创作。如果风在吹,那么可以问故事讲述者风的声音是怎样的,或者让观众参与创造声景。

## 有对话的故事

如果有一行对话,就让角色扮演者说出来。如果他不愿意,就让所有儿童一起说。如果故事暗示有一些对话,但这些对话没有被写下来,那么可以问故事讲述者,故事中的人物是否说了什么。

## 假装

当我指导故事表演时,我经常使用"假装"这个词。

假装你在骑马。

假装你坐在毒蘑菇上。

儿童擅长使用假装的语言。我不需要解释。假装经常存在于儿童的日常生活中。这个词有一种力量，可以阻止他们"真"的坐在马上，压扁其他孩子，或者爬上朋友假装的树。假装是表演中的词汇。我们知道这不是真的，我们只是让它看起来像真的。

**最大数量**

我经常被问到，参与故事说演的最佳人数是多少。我认为没有任何正确答案。我曾带领儿童小组作为其关键小组的一部分，并与全班合作。在接收3—4岁儿童的机构中，我一次会面向40名儿童开展工作。

只要有空间，能够让所有儿童都坐在前排，故事说演就可以进行了。在较小的组中，教师有机会讲述和参与更多的故事；如果全班参与的话，教师就有机会在教室里培养共同体意识。

我总是喜欢与很多儿童一起工作，如果有混龄儿童，那么课程会变得更加丰富。

**感到惊讶**

4岁的迭戈几乎不会说英语。有一天，他给我讲了一个关于恐龙的故事。

"恐龙，在吼叫！"

## 第一章 期待感——初次了解故事表演

当我问他能否表演恐龙如何行动时,他疑惑地看着我。然后他把自己的两根手指紧贴手掌,这样每只手上只能看到三根手指。他做了一个抓挠的动作。这让我很惊讶。他是一个几乎不会说英语的男孩,他向我展示了霸王龙是如何行动的。他的手势很复杂。

我意识到自己已放下防备,我不禁反问自己。也许我原本以为会出现一种更为典型的恐龙形象——一种吼叫、冲锋的恐龙。但这个4岁儿童知道恐龙。他不喜欢刻板印象。当我让他展示恐龙如何行动时,他看着我,好像在说:"你想看到什么类型的恐龙,是剑龙,还是梁龙?"由于没有得到合适的回应,他选择了自己最喜欢的霸王龙。

通过观察儿童表现人物或物体的方式,我们打开了一个通向儿童世界的窗口。我们学习了大量关于恐龙的知识。

我们时刻准备着感到惊讶。

---

### 初次了解故事表演——要点总结

- 确保儿童有足够的空间,舒适地坐在舞台周围。
- 在介绍该方法时,使用其他儿童或你创作的故事。
- 一次读一句故事,然后邀请儿童依次上台表演。
- 围着舞台,按顺序选择儿童,确保每个人都有机会。
- 使用动词来鼓励儿童演示角色的动作。

- 在每个故事的结尾，鼓掌致谢。
- 你可以保留舞台，让儿童继续开展表演故事的游戏，但这可能会导致地板上残留黏性物质。
- 记住，儿童在第一次登上舞台时，可能会感到很害怕。
- 允许两名或多名儿童扮演同一个角色。
- 接受一些儿童在刚上舞台时，可能会站着不动的事实。
- 不要示范如何用动作来表现角色，而要用提问的方式。
- 注意你通常会错过的细微动作。
- 人可以假装一个物体，就好像假装一个角色一样。
- 不要让儿童表现一个抽象的地方（比如公园）。
- 在故事中加入音效。
- 如果故事中包含对话，那么请演员或所有儿童说出这些话。
- "假装"这个词有助于确保儿童玩骑马游戏，而不是真的压着朋友。
- 小组中的儿童数量应满足你的需求，参与人数没有最佳标准。
- 准备好惊讶吧。

# 第二章

## "有人愿意讲故事吗?"
### ——在舞台边说故事

从前,有一位芭蕾舞演员在她的舞蹈课上跳舞。
然后一条龙来了,在舞蹈课上喷火。
龙向芭蕾舞演员喷火。随后芭蕾舞演员说:"救命,救命。"
然后她走进自己的房子,再也看不到龙了。
接着她安全地回到舞蹈课。

(艾丽西亚,5岁)

一旦儿童在一些小故事里体验了表演,他们就准备好自己"发号施令"了。我用下面的问题来引导他们:

"谁想讲一个故事让我们表演?"

当我在教室里问2—5岁儿童这个问题时,迎接我的是一双双举得高高的手。他们很渴望参与,尽管他们对于如何做,还没有具体的了解和想法。当儿童与成年人一起面对新的体验时,他们表现出的信任让我感到惊讶。他们举着手,脸上的表情急切地宣布:"是的,我要去,尽管我不知道去了要做些什么。"

当我向一屋子的成年人问同样的问题时,我发现周围的人都低下了头。他们仿佛发现自己的鞋子是世界上最有趣的东西。令人惊讶的是,我们小时候的勇敢会随着年龄的增长而消散,被各种鸵鸟式策略取代。"如果我盯着我的脚,不看工作坊的导师,也许他就不会看到我。"

也许,我们在小时候也曾信任过许多成年人,结果发现自己因规则不清晰或沦为笑柄而感到尴尬和难堪。也许是我们教自己停下来,希望其他人先站出来,这样我们就能在冒险前看到他人被如何对待。

我越是看到成年人在走入未知世界时有多么困难,我就越清楚地认识到,我们的工作是保护与我们一起工作的儿童,让舞台成为一个安全的地方,让儿童的言行在这里都受到重视。故事说演必须是一种儿童可以冒险,而不会感到羞耻或不安全的活动。

**在舞台边讲故事**

儿童会围坐在舞台边。教师请儿童讲出一两个故事,让所有儿童亲眼看到整个过程所包含的内容。经过这样的指导,教师再转向"个人故事"记录(见第三章)。

一旦有儿童自愿讲故事,我就会请他坐在我的旁边。有些教师会邀请儿童在所坐的位置上讲故事,但我喜欢让儿童更靠近我。这样做有两个原因:其一,这样我可以很明确地听到儿童所说的内容;其二,在我记录时,如果儿童感兴趣,那么他能够看到我如何在纸面上记录他的话。如果儿童不愿意靠得很近,那么我会经常与儿童一起登上舞台。

## 故事记录本

当儿童讲故事时,我会把他们的话写在一个A5(148毫米×210毫米)大小的本子上。这个尺寸能够确保儿童有足够的空间来表达他们的想法,同时能够保证故事不会太长,以至于无法付诸表演。

本子的类型取决于个人。有些教师会使用漂亮的日记本,认为这会给儿童的故事带来一种尊重感。这对你来说可能比对儿童更重要,儿童同样乐于看到自己口述的故事被写在一张纸上。

有一个我曾与之工作过的班级,教师给所有的儿童都发了一本故事书,书里记录了他们讲过的所有故事,这样他们的故事都集中在一个地方。这为教师提供了一份进度记录,也意味着儿童可以把故事书放在书包里并带回家,从而与父母分享他们的故事。

我知道有的教师会使用三联复写本,使他们能够保存一份记录,将一份记录放在儿童的档案袋里,还有一份记录会被送到儿童的家里。有一段时间,在MakeBelieve Arts里,我们使用了复写本,这样我们既可以保留一份记录,也可以在每个阶段结束时交出原件。这样做的缺点是有些副本很难阅读。

每次工作坊结束后,我都会遇到一些教师在计算机上打字,把故事一字一句地记录下来。这可能会成为一项艰巨的任务,如果这让故事说演看起来像一件琐事，那将是一场悲剧。

教师向他人介绍这些故事的方式可能与儿童无关。人们往往倾向于通过一个任务涉及的工作量来评价一个成年人，教师为了证明所用方法的价值，有时不得不做一些额外的工作（在当前的教育环境中通常很重要）。

多年来，我用对折的 A4 纸（210 毫米 ×297 毫米）制作故事本，用 A5 便笺本制作精美的活页夹。这些都没有对儿童的参与或他们创作的故事产生影响。

### 每个故事不应比一页 A5 纸长

随着儿童逐渐熟悉故事说演法，他们的故事会变得更长。"一张 A5 纸一个故事"的规则（简称"A5 纸规则"），能够确保故事不会太长，并且当天有时间让所有的故事都被表演出来。

在一张 A5 纸的右上角写下儿童的名字后，我会说："这是你的一页。我把你的名字写在最上面。现在你的故事根据你的喜好可长可短，但不能超过这一页的底部。"

这些话成了我的固定用语。我尝试过其他的说法，但我意识到它们很容易就会不经意地变成强调一个故事一定要写满一页，或是告诉儿童他们的故事必须简短。教师给儿童建议的语句，最好不做绝对的判断。

如果故事记录到了页面底部，但儿童仍然想讲更多的故事，那么我会告诉他，他可以在下一次再讲"续集"给我听，就像续

## 第二章 "有人愿意讲故事吗？"——在舞台边说故事

写书中的另一章一样。

5 岁的安杰琳在四个星期里一直讲述她自己版本的《金凤花姑娘和三只熊》(*Goldilocks and the Three Bears*)[①]。每次我去她所在的教室，她都会问我能否继续记录她的故事。在我开始记录之前，我给她读了一周前的故事。然后，她口述下一部分，精心创编故事，直到我写满页面。当我们表演其中的一部分时，我都会把上一部分重读给学生们听，这样他们也能回想起她说了多长的故事。四个星期后，故事完结了，安杰琳又创造了新的角色，开始了她的下一个故事。

有些故事可能很短，但长度并不重要。一个词可以是一个故事，一整页的文字也可以是一个故事。两者同样有价值（参见第三章的内容）。

### 当一页纸的规则被打破后

几年前，我和一群教师一起工作，他们一直在发展自己的故事说演法。其中的一位教师带着问题来找我。她已经记录故事有一段时间了，但她发现班上儿童讲的故事开始变得越来越复杂。它们包含了许多角色，并且需要花费很长的时间来表演，以至于故事表演变成了一场"噩梦"。

---

[①] 英国著名童话，由英国作家、诗人罗伯特·骚塞（Robert Southey）于 1837 年发表。——译者注

她邀请我到她的教室里，问我能否带领儿童进行故事表演。她递给我一张打印好的A4纸。我将在第八章中写下关于手写故事的内容，但现在，我要分享的是，她给我的那一张纸上自上而下都是一个故事。上面的字号为小四号，间距正常，字数非常多。

当我读完这个故事时，我意识到它实际上是三个故事。这名儿童的叙述已经发展到了一个自然的结尾，然后又开始了新的角色。当教师打字时，她没有用一张A5纸的自然中断来表示页面的结尾。她一直在打字，男孩一直在说话。

我试着带领大家表演，在每一部分结束时清理舞台。虽然我的经验已经很丰富了，但这次的表演活动过于复杂，我能感觉到孩子们的挫败感和沮丧感。

事后和教师交谈时，我袒露了我感受到的困难。我也告诉她，永远不要记录这么长的故事。就在那时，我意识到了"A5纸规则"的力量。

当儿童按规则讲故事时，他们习惯于看到自己的话被写在纸面上。他们对人物和正在发生的事件的描述会变得更加简洁，他们意识到自己的故事即将结束。

我目睹了一个较长的故事表演起来是多么艰难，这让有时认为一切理所当然的我，有机会反思"A5纸规则"的优势。

## 书写的尺寸

我在书写时行距留得非常大，我倾向于在每个句子之间空一行。这给了我在记录儿童讲述的内容后做笔记的空间。我可能会记录故事中有多少个坏蛋，或者有多少只老虎。此外，无论是在我给儿童读故事的时候，还是在记录故事的过程中，我都能够根据儿童对故事的改动进行调整。

写字的大小确实会影响故事的长度。随着儿童变得更加自信，或者如果一个故事看起来需要更多的空间，我写的字会变得更小，这样我就可以见机行事。

## 正式记录

记录的工作就是如实地记下儿童说的每一个字。

当儿童开始口述时，你应该一字不差地写下他们的故事。在开始记录之前，你可以容许儿童说出整个句子。这将确保你不会限制儿童说故事的速度。随着经验的增长，你会找到合适的节奏，确保记录儿童所说的全部内容。

当你写下每个字的时候，要大声地说出来。要想达到熟练，确实需要不断地实践，而这是本方法的重要组成部分。

## 过程分解

儿童：从前，有一位芭蕾舞演员在她的舞蹈课上跳舞。

当你写"从"这个字的时候，要大声地说出来。当写"前"这个字时，你也要做同样的事情。放慢你的书写速度，以便你同时说和写每个字词。

教师：从……前……有……一位……芭蕾舞演员……在……她的……舞蹈课上……跳舞……

儿童很快就会习惯说一句话，然后看着教师把它记录下来的过程。复述你记录下来的故事，意味着儿童和负责记录的教师能够找到一个合适的节奏。

注意不要让儿童慢下来，一次只说一个字，如下例所示。

儿童：那

教师：那

儿童：有

教师：有

儿童：一

教师：一

……

当我们一次一字地说故事时，无论是儿童还是教师，都不可能进入"故事流"。如果发生这种情况，请停止书写，让儿童告诉你整个句子。然后你要静静地听，直到儿童说的内容足够长，适合你记录下来。

## 第二章 "有人愿意讲故事吗?"——在舞台边说故事

**说得太快**

有时儿童会说得很快,而且说长句。我总是尽我最大的努力,用耳朵捕捉每一个字和每一句话,并且复述出来。这有助于我记住它们。

你记录的故事越多,你就越清楚自己每次能记住和书写多少字词。如果需要,不要害怕打断儿童的讲述,这样你就可以回忆起儿童刚才说过的话。我擅长在短时间内记住长句,但初学者可能需要更早地重复儿童的话。

儿童:一天早晨,太阳出来了。当我醒来时,我看到我的手上有一只小蜗牛。

教师:(大声重复这句话)一天早晨,太阳出来了。当我醒来时,我看到我的手上有一只小蜗牛。

好吧,让我写下来。

一天……早晨……太阳……出来了……当……我……醒来时……我……看到……我的……手上……有……一只……小……蜗牛

儿童:那是一只粉红色的蜗牛,而且是一只亮晶晶的粉红色蜗牛。

教师:(再次重复这句话)那是一只粉红色的蜗牛,而且是一只亮晶晶的粉红色蜗牛。

(然后一边说一边写)那是……一只……粉红色……的……

蜗牛……而且……是……一只……亮晶晶的……粉红色……蜗牛

儿童：然后它和爸爸妈妈玩，它们家有七个孩子。

教师：（写完故事，仍然一次只写一个词，一次只说一个词）

在写的时候说出每个词的另一个好处是，这有助于儿童与书写过程建立联系。他们经常看自己说的话被一个个地写在纸面上。因此出于他们的兴趣，我看到非常年幼的儿童为了他们特别想扮演的角色，去识别与角色有关的词语。

"我想成为蝙蝠侠。"3岁的凯尔指着我的故事记录本说。当我看着他自信地用"蝙蝠侠"这个词时，显然他已经通过单词的形状，认出了这个词代表的就是他想要扮演的那个角色。

### 记录之后

当儿童说完故事后，教师要把所记录的故事读给他听，并在故事中的所有角色下面画线。这些角色都被标记出来了，教师可以询问儿童想扮演哪一个角色，然后在其选定的角色上画一个圈。尽管这个故事将立即上演，但养成在角色的下面画线和圈出选定角色的习惯是很好的，这样当你记录"个人故事"时，你就可以记住儿童想要扮演的角色。

### 立刻表演

在舞台边搜集的故事经常要立刻进行表演。这是至关重要的最后一步。这样,在场的每个人都知道,自己的故事将会变成活生生的表演,就算在其他场景中讲述的故事也会得到相同的对待。

有些儿童可能不想表演他们的故事。我在他们的页面顶部记下了这一点。这不是问题,有时我们只是想看我们的故事如何被别人演出来。

在故事讲述者做出选择后,其余的角色将由在场的其他儿童扮演。这与第一章和第三章所述的方式相同,通过在舞台周围按顺序上场,教师能够做到让每名儿童轮流参与,并使用动词鼓励儿童做动作。

在故事表演的结尾,大家要鼓掌感谢讲述该故事的儿童和表演故事的儿童。

## 个人故事

当你向一组儿童演示了故事说演的过程后,你可以询问是否有人愿意讲一个"个人故事"。你可以把"个人故事"描述为"我们坐在一起,也许在地毯上,也许在桌子旁,我写下你的故事,就像我刚才做的那样,然后我们再回到舞台,把故事表演出来",从而方便儿童理解。

列一张想要讲故事的儿童的名单。然后,儿童可以离开舞台,做自己接下来想做的任何活动或选择自由游戏。

## 故事名册

我给自己执教的所有儿童制作了一个名册。这样，我就可以在他们讲述故事的日期下，勾选相应的名字。用名单来记录能够确保每个人都有机会参与。这也意味着我可以追踪那些不主动参与的儿童。我不断地问那些儿童是否想尝试一下，并记录他们的反应。如果他们不想，我会在他们名字旁的那列中写上字母缩写"DWT"（Didn't Want To，不想）。

有了名册，我能够方便地与一个孩子分享他上一次讲故事的情况。孩子们看到名册，会确信每个人都在轮换，并知道什么时候会再次轮到自己。

我参观过一个班级，该班教师制定了轮班表，每天都有两名儿童讲他们的故事。这样做的好处之一是，每名儿童在早上一开始就知道今天轮到谁来讲故事了。

我还见过另一种设计，是精心布置的魔术贴。当儿童已经讲完故事时，他们的名字被移到缎带的底部。他们很清楚，需要等到他们的名字登上缎带的顶端，他们才能再次轮到讲故事的机会。

无论你的方法是什么，都要有一份故事讲述者的名册，并记录每名儿童多久有机会口述故事，这些都是有价值的。

## 主动站起来却不说话的儿童

有时，当一名儿童站起来讲故事时，他会愣住。也许有很多原因能解释这种现象，但是你依然很难处理好，因为此时你会感觉到儿童的尴尬，并且不想给他施加压力。

我通常使用的处理方法是，让儿童知道他可以以后再讲故事。

我曾经在某段视频中看到佩利于2012年在波士顿召开的会议上的发言。她说："不是以后，教师的工作是现在就做。"她解释了如何做到这一点。

> 我的第一个也是最成功的方法是……比如说杰茜卡有一个故事，但她不太记得了。现在如果我和杰茜卡一起玩，那么我会针对她喜欢扮演什么角色提出一些建议，换成其他儿童和她一起玩也一样，这也是了解同伴心中想法的方式。杰茜卡，你想让我再问三个人，关于你想讲述的角色有什么想法吗？不管谁愿意来说想法都可以。是的，第一个孩子是男孩，他说的是黑武士（Darth Vader）①。毫不奇怪，杰茜卡说不，她不选择这个角色。关键是，她的一个同伴最终从讨论中选择了一个话题。你看，这对杰茜卡并不重要，她有自己的话题，她会讲自己的故事，这只是她的第一个故事，但重要的是每个人都想帮助她。这才是最重要的……
> 
> [《倾听波士顿：薇薇安·佩利的智慧》
> （*Boston Listens: The Wisdom of Vivian Paley*，2012）]

---

① 又翻译为达斯·维德，是电影《星球大战》（*Star Wars*）里最重要的角色之一，象征神秘的黑暗力量，是一个带有悲剧与矛盾色彩的反派人物。——译者注

在尝试这种方法两次后，我惊讶地发现用它来工作如此简单。对于一个女孩，当她的朋友向她推荐公主的角色时，她点了点头。她找到了自己的话题，很想开始讲故事。

当我第二次尝试这种方法时，我面对的是一个男孩，他一站起来就焦虑地看着地板。我说了一番话后，他的一个朋友站到舞台上，加入了他，帮助他讲述了一个关于蝙蝠侠的故事。这样，他们俩共同创造了一个故事。这让我想起了儿童每天在玩耍时发生的事情。有时我们需要朋友来帮助我们。

我也只是尝试过几次这种方法，原因是很少有孩子主动站出来讲故事，却又什么也不说。现在，当这种情况发生时，我会请求其他人为这个孩子提供帮助。这感觉比把一个孩子尴尬地送回座位要好得多。

## 重新整合

当我在舞台边记录几个孩子的故事时，我着迷于他们的故事中所包含的联系。孩子们大胆地相互借用意象，又为每个故事增添自己的独特性。

有时候，教师会担心这一点，担心他们班级里的孩子在讲故事时会互相抄袭，但重新整合是创造力的核心。

创造力只是联系事物。当你问有创造力的人如何做一些事情时，他们会感到有点内疚，因为他们并没有真正创造什么，他们只是看到了一些东西。仿佛"创造"就在他们看到一些东西后浮现出来。这是因为他们能够联系自己的经验,并合成新的东西。他们之所以能够做到这一点,是因为他们比其他人有更多的经验,或者他们对自己的经验思考得更多。

(史蒂夫·乔布斯,沃尔夫于1996年引用)

你拥有的经验越多,你能够建立联系的东西越多,发展创造力的机会就越多。

如果我们想让孩子们的故事多样化,那么我们就需要为他们提供多样化的叙事"食材",为他们提供可以产生联系的叙事体验。

基思·约翰斯通(Keith Johnstone)在他的《即兴》(*Impro*,1989)一书中,将即兴创作、叙事和重新整合联系起来。

即兴表演者必须像一个向后走的人。他看到了自己所处的位置,但他不关注未来。他的故事可以带他去任何地方,然而他仍然必须"平衡"它,通过记住被搁置的事件和重新整合来塑造它。通常,当早期的素材被带回故事中时,观众会鼓掌。他们说不出为什么鼓掌,但这种重新整合确实能够带给他们快乐。

(约翰斯通,1989)

我注意到重新整合的现象在儿童讲故事时经常出现。它让我相信,我们生来就对叙事结构有着本能的理解(见第五章)。

**借用的意象**

下面的五个故事是在波士顿的一所幼儿园的故事说演舞台边收集的。这些故事按照口述的顺序呈现,都重新融合了之前的角色和想法,并引入了新的素材。故事讲述者是一群3—4岁儿童。

利亚姆,3岁

"有两个南瓜、三个幽灵;南瓜飞了一圈,接着幽灵绕了一圈。"(利亚姆通过讲述一个关于南瓜和幽灵的小故事开始了这个过程。)

科里,4岁

"曾经有一只蝴蝶。蝴蝶飞了一圈。然后有一只大黄蜂。然后蝴蝶躲在树的后面。它爬了又爬,然后掉了下来。"(下一个说故事的是科里。他的故事介绍了不同的角色,但他借用了利亚姆的想法——绕一圈飞行。)

萨曼莎,4岁

"有一个幽灵。它躲在一棵树的后面,因为有一个怪物,然后它用网做了一个陷阱。它被抓住了。然后它冷了,它得到了一条毯子。"(萨曼莎参考了利亚姆对幽灵的想法,但她的幽灵藏在一棵树的后面,这是从科里的故事中借用的意象。)

## 第二章 "有人愿意讲故事吗？"——在舞台边说故事

玛丽娜，3岁

"一只蝴蝶被网捕获，然后幽灵来了，幽灵发现了一个南瓜，南瓜发现了一只带毯子的瓢虫。"（玛丽娜接着说故事。她的故事改编了科里的故事中的蝴蝶和利亚姆的故事中的幽灵和南瓜，但随后使用了萨曼莎的故事中的网和毯子的意象。）

莉莉，4岁

"有一次，有一位公主因为一个怪物而设了一个陷阱。怪物来到陷阱，然后公主打开了陷阱，然后怪物进去了，然后一个王子来了。"（作为最后一个故事的创作者，莉莉介绍了新的角色——公主和王子。她还将自己的故事与之前的故事联系起来，重新整合了萨曼莎的故事中首次提到的陷入陷阱的怪物。）

教师没有有意识地引导和提示，也没有围绕一个主题开展工作，但孩子们仍然受到了彼此的启发。在故事说演的过程中，我多次看到这种课堂叙事结构。

### 创建分享型叙事

以下的三个故事也是在舞台边搜集的。孩子们在没有提前讨论的情况下发展了一种叙事，好像他们在试图为第一个孩子所说的故事寻找结局。

雅利安，3岁

"从前有一只小老鼠，然后老鼠妈妈进去做饭。"（雅利安以一个关于一只小老鼠和妈妈的故事，开始了这个过程。我们知道小老鼠在外面，因为妈妈在里面做饭。）

道格拉斯，4岁

"从前有一只小老鼠，她想有一个家，但她不能。然后老鼠妈妈说：'亲爱的，进来吧，因为要下雨了。'她尖叫着。她对妈妈说：'妈妈，现在雨停了，我可以出去和朋友们玩吗？'她出去和朋友们玩了。"（道格拉斯把老鼠的故事讲得更深入了。通过引入雨，他给老鼠提供了进家门的理由。好吧，至少直到雨停为止。）

朱莉娅，3岁

"从前有一个小公主，她需要一个家，但她没有。公主妈妈说：'来吧，亲爱的，因为开始下雨了。'小公主去喝茶，她对妈妈说：'雨停了。'她出去玩滑梯。"（朱莉娅将主人公改为公主，但她保留了主人公需要一个家和一个宣布下雨的妈妈。公主就像第二个故事中的老鼠一样，最终会到外面玩，但在朱莉娅的版本中，她有一个滑梯，而第二只老鼠有她的朋友们。）

孩子们一个接一个地讲故事并表演出来。故事的相似之处显

## 第二章 "有人愿意讲故事吗?"——在舞台边说故事

而易见,但它们之间的差异也很明显。在创造力方面,我们会从众多的来源中获取想法,依据我们的需求塑造它们,并打造属于自己的个人想法,以延续过去的经验。

3—4岁儿童能够理解讲故事的基本原则,这就是在想法、物体或人物之间建立联系,并将它们重新整合到整体中。当孩子们编故事时,他们就像约翰斯通所提到的"向后走的人"(1989)。他们看到了之前发生的事情,毫不畏惧地使用那些吸引他们的意象,将它们编入自己的叙述中。

---

### 在舞台边说故事——要点总结

- 在舞台边请儿童说两三个故事。
- 当儿童跟你说故事时,要意识到他们对你的信任。
- 故事的长度不要超过页面底部。
- 尽管A5是最好的尺寸,但请记住,故事也可以写在漂亮的本子或纸张上。
- 如果你选择在每节课结束时,把手写的故事一字一句地输入计算机,那么别让这个工作浇灭了你的热情。
- 三联复写本提供了一种与家长分享故事,以及为自己保留故事副本的方式。
- 儿童可以改天接着说他们曾经说过的故事,为之添加更多的内容,就像续写书中的章节一样。

- 当儿童说故事时,负责记录的教师在写下每个字词时,口中要同步念出来。
- 当记录儿童所说的长句子时,教师更需要同步地大声念出来。
- 鼓励儿童一次说一个以上的词。
- 记录结束后,教师要把记录的故事读给儿童听,并在所有角色的下面画线。
- 找出儿童想扮演的角色,并圈出该角色。
- 立即表演这些故事。
- 询问儿童是否愿意向你讲述一个个人故事。
- 列一张故事讲述者清单,并标记好不想讲故事的儿童。
- 如果一名儿童自告奋勇,然后忘记了他想说的话,试着问他的朋友是否知道故事中可能有什么角色,看看这是否有助于该儿童找到自己的话题。
- 记住,创意是关于意象的重新整合。
- 享受这些故事间的联系。
- 用故事"喂"大你的班级,为你的班级提供丰富多彩的故事经验。

# 第三章

## 创造故事共同体
### ——记录个人故事

有一位公主。她回家了。

然后她又出去了。然后国王来了。国王问:"公主,你在干什么?"

"我在追逐蝴蝶!"

(米拉,4岁)

### 突然间每个孩子都想讲故事

在引入故事说演后不久,很明显,大部分儿童都想参与其中,他们会排很长时间的队,等待说故事。

如前一章所述,教师可以通过记录谁讲过故事,确保所有儿童都有讲故事的机会。你还可以让名单上的每个人知道当天何时会轮到他们。这样他们可以在等待的同时继续其他活动。

虽然没有轮到一些儿童讲故事,但是他们可能会想听同伴的故事。当我记录故事时,经常有一群孩子聚集在我的周围,他们有意无意地记住别人故事中的意象,并决定将哪些意象添加到自己的故事中。由此可见，讲故事是一种共同体行为。

## 支持某些从来不讲故事的孩子

故事说演几乎没有固定的规则。然而，有一点是我认为不可违背的：

任何儿童都不应该被强迫、胁迫或感到有义务讲故事。

这看起来很直截了当，但我有时会看到教师转向儿童说：

梅莉萨，你今天一定有故事。你必须有一个故事，你是个很好的故事讲述者。也许你可以讲前几天我们去商店的故事，或者你可以讲你喜欢做什么。你肯定有故事，你通常不会这么安静。也许这是一个关于狮子、恐龙或怪物的故事。拜托，你确定你没什么可说的吗？

当教师说这些话的时候，儿童往往会盯着教师看，或低头不语，或继续做他正在做的事情。据我所知，在这种情况下，儿童从未真的说出什么故事。我想知道在这种情况下，假设每个人都停止说话，是否就是给予儿童说话的机会。事实是当沉默到来时，已经对儿童造成了伤害。

将上面的这段话与我第一次看到佩利和一群孩子一起工作时

## 第三章 创造故事共同体——记录个人故事

发生的事情进行比较。

佩利：(对一个在故事桌①旁徘徊了很长时间的男孩说)你想讲个故事吗？

(男孩摇摇头)

佩利：没关系，你可以成为一个故事倾听者。

(男孩笑了，似乎把头抬得更高了)

第二天，这个男孩第一个排队讲故事。

为什么我们觉得有必要强迫儿童做事情？也许是我们相信，这是为了维护孩子们的利益；也许是我们希望他们能够应对挑战；也许是我们认为每个人都应该有机会。我们知道被迫做自己不想做的事情时的感觉。焦虑是一种情绪，无关乎年龄。

我的经验告诉我，如果我静待花开，不给儿童施加任何压力，那么他们最终会自发自愿地做事情。

### 不停止邀请或者提供机会

尽管我的理念是，永远不要强迫任何人加入，但我相信同样

---

① 英文为"story table"，指供记录个人故事的桌子，教师与儿童会坐在桌边，儿童讲故事，教师用笔和纸记录儿童的故事。后文中对此有详细的描述。——译者注

重要的是，永远不要停止邀请他们参与。

在胁迫的另一面，还有一个更具破坏性的问题。

把某些人从名单里划除是很容易的。我已经记不清听说过多少间教室里发生了这种事情，反正数量很多。有些教师把儿童进行了划分，把这一组划分为能说故事的，而另一组是不能说故事的。

不幸的是，在我自己的学生生涯里，我就经常被视作不能接受教育的孩子。尽管这很难，但这确实意味着我现在注意到并关照这些孩子。

我希望你不会认可下列说法中的任何一条：

| | |
|---|---|
| 她太难相处了。 | 她没有创造力。 |
| 他不够聪明。 | 他太害羞了。 |
| 她从不参加活动。 | 她太大声了。 |
| 他坐不住了。 | 不值得向他们提问。 |

我已经了解到一名儿童没有参与故事说演的所有原因。我的想法总是这样的：他是个孩子，他可能会改变，或者她可能会在不久后从故事说演中看到她之前没有看到的价值。

永远不要停止邀请。

每当我进行故事说演时，我总会问前一周说"不"的儿童是否愿意讲故事。儿童回答什么都可以。他可以是一个故事倾听者，下周我会再问他一次。

如果我们给予儿童机会，那么他们会给我们带来惊喜。

通过不断地定期邀请，我已经收获了很多惊喜。很多之前选择沉默的儿童，跟我说了他们的故事。

对我来说，有个场景历历在目。有一个4岁的女孩，除了她的父母，她从未和其他成年人说话。

每周我都问她是否愿意讲一个故事。每周我都向她保证，她的摇头拒绝是可接受的。

然后有一天，她在我的耳边低声说了"公主"这个词。当我们表演这个故事时，她在舞台上昂首挺胸地走着，她就是那位选择不说话的公主。

## 适合记录个人故事的地方

在《直升机男孩》中，佩利描绘了适合记录故事的地方。

一个我们称之为故事桌的大圆桌……这里坐着讲故事的人、画画的人和剪纸的人，观看、倾听和发出声音……

（佩利，1990）

如果你决定创建一个故事桌，那么这一定是一个吸引人的地方，能够为儿童提供各种活动（如画画、玩黏土或搭建积木）。当有人讲故事时，儿童可以选择坐着听故事，或者剪剪贴贴，等待轮到他们讲故事。

　　故事桌上应该有一系列创意材料。材料要尽量是非规定性的；否则，它们可能会影响儿童讲的故事。一张满是恐龙或汽车玩具的桌子，可能会产生围绕这些事物的故事。

　　有一所学校决定在他们的故事桌上放一块丝布，向儿童表示他们正在讲故事。另一所学校创造了一个故事帽（Story Hat），教师要当故事记录员的时候就戴上它。当教师戴着帽子穿过教室时，想说故事的儿童就能看到他。

　　我经常坐在地板上，坐在活动区和一大群孩子之间。一旦坐到那儿，我就不动了，直到小组的最后一个人讲完故事。在阳光明媚的日子里，在户外讲故事会令人心情愉悦，在雨伞下讲故事同样趣味盎然。

**记录故事的最佳位置**

　　当你记录个人故事时，你坐着的位置要确保儿童可以看到你正在写的东西。如果儿童看的都是你的手肘或倒着的纸面，那么他们就会失去在口语和书面语之间建立联系的机会。

　　我是右利手，所以我一般让儿童坐在我的左边。我认识的左利手的人会把他们的本子稍微倾斜，这样他们写的字就可以被儿童看到。无论你怎么写，都要花时间思考一下，你呈现给儿童的纸面角度是否合适。

　　随着电子邮件和短信的增加，儿童有多少机会可以看到成年人提笔写字呢？不要浪费这些机会。

## 讲故事是集体活动

幼儿园里的故事讲述是一种社会现象，旨在贯穿其他的活动，并为一种共同的反应提供最广泛的机会。

（佩利，1990）

当一群孩子听一个孩子讲故事时，他们可能会发表评论。起初，这可能令人尴尬或者不安。有人问我，我作为教师，是否想让儿童保持安静，或者让他们离开故事现场。但是讲故事最接近幻想游戏，任何人都可以加入，并提出塑造它的方法。

如果一个孩子在听别人讲故事时说话，这是一种参与的形式。可能他们会做出这样的评论："我的故事里会有一头狮子。"在其他时候，他们还会问狮子是否要吃老鼠。这就是儿童游戏中发生的情况。想法和主意都涌出来，为小组的其他成员提供"燃料"。

如果有个孩子经常插话，比如他建议故事里增加某个角色（比如一个巨人），此时教师不应该试图忽略这个孩子。我会转向故事讲述者，问："你想你的故事里有一个巨人吗？"

如果他说"想"，那么他就会接受这个提议，将巨人纳入他的故事。如果他说"不想"，那么我会告诉提议的孩子，也许他可以让自己的故事里有一个巨人。故事讲述者有权利接受或拒绝同伴提出的建议。如果另一个孩子坚持他的建议，那么可以请他稍后讲述自己的故事。故事的伟大之处在于，我们都可以有属于自己的版本。

**学会逐字倾听**

记录故事最难的是学会准确地记录字词。作为成年人，我们可能会仔细倾听，但有时我们是用自己理解故事的方式来听，而不是根据儿童说故事的方式来听。对于非常年幼的儿童，我们可能会理解他们所说的要点，或者理解一些关键的名词，但记录故事和进行对话之间的区别在于，当我们记录时，我们需要逐字理解儿童所说的内容。

如果对自己正在做的事情缺乏正确的认识，那么我们很容易打断或试图引导儿童（见第九章）。也许我们会问儿童问题，仅仅是为了把我们的想法强加给他们。假设一个孩子提到一颗星星，我们可能会认为，提示他去描述这颗星星是他最想要的。我反而担心这样的提示会让孩子认为自己错了，突然间，他眼中原本清晰可见的星星开始失去价值。

提示和提问费时费力，直升机故事并不需要这样做。我们的角色是倾听和记录儿童的口述语言，提出问题仅仅是用来澄清我们不理解的要点。

尽管如此，如果儿童要讲很久，你不要害怕打断他。如果你想一字不差地捕捉他说的话，你需要努力放慢他的语速（见第二章）。

当你开始重复儿童的话时，他一般会停止说话，在你们俩之间，你可以找到记录故事的节奏。

有些人担心打断儿童会中断他们的思维，但每当我看到同事们记录时，我总是惊讶于儿童如何一字不差地回忆起他们的句子，即使在这个过程中，他们被打断了。

要提醒儿童，你不能写得像他说话一样快。要请他帮助你，这样你就可以准确地记录下他所说的一切。

## 对话或故事

有时儿童会在开始讲故事之前，先开启一段对话。我总是试图区分儿童是跟我对话，还是跟我讲故事。我花了很长时间才弄清楚这一点，因为当我第一次开始记录时，我认为我必须把每个字都写下来。

当儿童从故事转向对话再转回来时，教师要试着区分其语调和表情的差异。从一个对话到一个故事的转换可能看起来是这样的：

埃莉萨：我的故事和戴维的故事相似。这是一个可怕的故事，你只能在万圣节听到。

有两个幽灵，他们从井里出来。
. . . . . . . . . . . . . .

上面这段话的前两句是对话。故事讲述者正在为自己的故事预热。我不需要记录对话,尽管当我向全班介绍埃莉萨的故事时,我可能会提到它们。

> 教师:在埃莉萨告诉我她的故事之前,她说这个故事有点像上周戴维说的故事。她还告诉我,这是一个可怕的故事,你通常只能在万圣节听到。埃莉萨将扮演她故事中的一个幽灵。
> 有两个幽灵,他们从井里出来。

对话有时会被融入故事。一个孩子可能正在说关于一只猫的故事,然后停下来问你是否有猫,或者和你分享他真的喜欢猫。

> 安东尼:曾经有一只大黑猫。
> 我有一只猫,我真的很喜欢猫。你有一只猫吗?
> 大黑猫看见一只老鼠。

我喜欢看到儿童从讲故事转向对话再转回来的无缝衔接,这种流畅的方式展示了讲故事对他们来说是多么自然。这就好像是一双舒适的拖鞋,他们可以在需要的时候穿上或者脱掉。

## 个人故事中的沉默

有时,在记录个人故事的过程中,申请说故事的儿童在准备讲故事时可能会陷入沉默。在第二章中,我曾针对舞台上发生的

## 第三章 创造故事共同体——记录个人故事

这种情况提出了一个策略，但有时在个人故事中，只有你和这名儿童，你无法向房间里的其他人寻求帮助。

我要做的第一件事是允许儿童思考。通常，儿童会把自己放在一个思考的位置上，而我倾向于跟儿童做出类似于"镜像"的反应，就像我和他在一起沉思。我本能地这么做。直到最近，我才意识到，当我记录他们的故事时，我的肢体语言与儿童的肢体语言有多么接近。

"镜像"反应可以在你和儿童之间建立一种默契的关系。有研究表明，当有人模仿我们的行为时，我们会产生安全感和亲切感。我经常发现，当我模仿一个人的身体姿势时，我能够产生同理心。这还能够告诉我，这个人是放松的，还是焦虑的。

我还要确保儿童不会感到急迫。几分钟后，我可能会看着他微笑。再过一会儿，我可能会问他是否还要讲故事，或者他是否想表演故事。

有时候，当我问这个问题时，儿童会松一口气。我意识到，他需要的只是坐下来感受准备讲故事的感觉。如果儿童的回答是否定的，那么我们会坐一会儿。我可能会问他是否知道故事中的角色，或者说"我可以等待"。通常，对于这些儿童来说，他们需要的只是体验故事出现之前的时间。

当一名儿童在思考时，我会尽量少问问题，更多的是静静地倾听，而不是用自己的声音来填补空当。如果我必须讲一个故事，我会想一想，花一点时间找到我的主题和我想开始的方式。这对儿童来说也是类似的。被问题轰炸的你，是很难进行反思的。

乔纳森是一个5岁的男孩，几个星期以来，他一直试图给我讲一个故事，但每次他一坐下就变得沉默。想了一会儿之后，他总会跑去玩。

在表演故事时，他很自信；在谈话时，他口若悬河；但在构思故事的过程中，他遇到了障碍。他的沉默并不是因为想不到故事，而是脑子里一下子涌出了太多的想法。我能感觉到他的大脑有想法并拒绝它们，又有了想法并拒绝了它们。这个仅5岁的男孩，已经开始审查他的创造性大脑了。

有一天，他坐在我的旁边，讲了一个讽刺性故事。他好像需要先对情况发表评论，然后才能自由地讲述其他故事。

有一天，当特里什在讲故事时，乔纳森真的很想讲一个，但他想不起来。然后乔纳森的老师说："乔纳森，你的故事不一定是幻想型的。"所以乔纳森想出了一个好一点的故事。

在那之后，乔纳森的故事就源源不断了（见第七章开篇的故事）。

### 一词故事

故事说演有助于我重新审视我对故事的定义。儿童所讲述的故事可能不包含标准的开头、中间和结尾。它们可能没有被认为是必要的叙事线性关系，它们甚至可能只是一个词。

在《莫莉三岁了：在幼儿园长大》(*Mollie Is Three: Growing Up in School*，1988)一书中，佩利鼓励儿童与她分享他们对故事的看法。如果她不确定某些事情，她会与儿童交谈并征求他们的意见。

一个叫弗雷德里克的男孩给她讲了一个故事。弗雷德里克以前从未讲过一个故事，尽管他经常听年龄稍大的孩子口述他们的故事。当他坐在佩利的旁边，等轮到他时，他说了一句话："弗雷德里克。"

佩利试图找出他的故事是否还有更多的内容。她问了几个问题：弗雷德里克做了什么？他上学了吗？但真正的弗雷德里克对这些问题不感兴趣。他已经完成了他的故事，他的故事是"弗雷德里克"。当他们进一步开始表演时，弗雷德里克跑到舞台中央微笑，其他的孩子也笑了，但佩利发现自己不得不这么做：

……屈服于教师的角色。"弗雷德里克的故事有什么不同吗？"我问。"因为他是弗雷德里克。"莉比回答。"是的，但我猜这是只有一个词的故事。"快 5 岁的约翰迅速回答。"这不是一个词，而是一个人。"当然，一个人就是一个故事。弗雷德里克不需要做任何事情来证明他在故事中的存在。

（佩利，1986）

在我接触的幼儿故事中，一个人的故事相当常见。

一个3岁的孩子曾经给我讲过"大白鲨"的故事。这个孩子以前从未讲过有趣的故事，甚至在个人故事记录过程中，他会在我面前犹豫很长的时间，最后让我在页面顶部写下他的名字，在页面下方写下一个将成为他的杰作的单词。然后他就离开了。

随后我们在表演他的故事时，他站在舞台的边缘。我读出他的一词故事："大白鲨。"他把手放在头上，代表鱼鳍，尽可能快速地跑到另一边。他一边跑，一边反复哼唱着《大白鲨》(Jaws)[①]主题曲曲调的前两个节拍。其他的孩子都笑了，他的老师被迷住了。这是一个之前"从未加入"说故事行列的男孩。

## 意料之外

阿德瓦莱来到英国时只有3岁。他很快就进入了一家托儿所。在他入托的头几周，我一直在进行故事说演课程。当时，他只能说一点点英语。在活动的第一阶段，他愿意参与故事表演，似乎很自信。之后，当孩子们说故事时，他会听，但当我问他是否想说故事时，他总是摇头。

然后有一次，我在他的教室里待了几个星期，他走到我的面前。

"你想讲个故事吗，阿德瓦莱？"我问。

---

[①] 于1975年上映的一部美国电影。——译者注

他点了点头。然后他看着我，把一只手放在胸前，说：

"阿德瓦莱！"

我盯着他看了一会儿。

"你要我把它写下来吗？"我问。

他点点头，俯身看着我写他的故事的第一行。他微笑着，挺直了背，又把手放在胸前。

"阿德瓦莱！"

"你想让我也照着写吗？"我说，那天早上他第二次点头，俯身看着我写。然后，他第三次把手放在胸前。

"阿德瓦莱！"

这次我不需要问他是否要我写下来。他俯身看着我的笔在纸上移动，又一次写下了他的名字。然后，写第四次和第五次，按照完全相同的程序。他同样低着头检查，以确保我记录了他的话。

最后，他站了起来，举起双臂，肘部弯曲，双手张开，指向天空：

"这是阿德瓦莱。"

说完后，他就去玩了，而我在思考他的话。

阿德瓦莱，阿德瓦莱，阿德瓦莱，阿德瓦莱，阿德瓦莱，这是阿德瓦莱。

在故事表演中，阿德瓦莱走到舞台中央。当我读他的故事时，他把手放在胸前，重复了那天早上的手势，最后举起双臂，为他的名字欢呼。

其他孩子都充满敬畏地看着。这是一种强大的力量，触动了每一个人。这里有一个孩子，对这个国家、托儿所和语言都是陌生的，他站在我们面前，自豪地讲述他的故事。他已经做到了。

有时，语法或创造性写作的教学带来的压力意味着，我们受困于不断地纠正孩子们使用的单词是否准确，并坚持故事一定要有开始、中间和结束。而当孩子们口述故事时，他们知道无论他们说什么，都会被准确地写下来。如果没有做到这一点，阿德瓦莱的故事就不可能发生。

想象一下，如果我充满善意地对阿德瓦莱说，"这不是故事，这是你的名字"，那么阿德瓦莱的仪式般的魔力就会消失。我们很容易破坏这些时刻，不去真正倾听儿童说什么，或者我们会被担忧故事走向支配。

到了写第四个和第五个"阿德瓦莱"时，我曾暗自担心。如果我在页面上填满了他的名字该怎么办？我怎么能用它制作出好的戏剧呢？但对我来说，佩利给我的忠告是，要承担这些风险，相信儿童可以找到自己的路，即使这些路看起来尚不清晰。通过让儿童引领，我希望我们都能找到答案，并在旅程开始时一起迈出第一步。

我有一句箴言："相信孩子，相信孩子！"我在不确定的时候就会使用它。我会默默地对自己吟诵，给孩子一点时间，然后用我的成年人的大脑判断情况。

**全新的"在很久很久以前……"**

　　妈妈在做饭。爸爸在看电视。我上了公共汽车，和美人鱼吃晚饭。

（杰迈玛，3岁）

　　杰迈玛总是以"妈妈在做饭。爸爸在看电视"来开始她的故事。在这个新版本的故事里，她开始历险，或者乘公共汽车到一些神奇的地方，但在这一切发生之前，她必须确立自己的说故事常规。

　　我在杰迈玛的班级里待了10个星期，所以我有足够的时间记录她的故事。她讲的故事一直使用这个开场白。其他孩子也注意到了这个事情。当我让杰迈玛坐在我的前面，开始读她的故事时，全班都在高喊："妈妈在做饭。爸爸在看电视。"这成了她的所有故事中重复出现的部分。如果这句话不出现，那么我们会失望的。我对她看待世界的方式感到有点不安，又对她如何确定劳动分配哑然失笑。无论如何，她对故事结构的直觉触动了我。

　　对故事模式的探索通常表现为儿童会在现实世界中创造一个主人公。这必须在我们进入超现实世界之前建立起来。杰迈玛的开场白在她冒险之前建立了她的现实世界。无论是有意识的，还是无意识的，她的故事中包含的两个世界有了某种基础。

## 说故事的提示

我尽量不提示儿童,但有时我发现谨慎地提出一个问题会有帮助,这个问题就是"然后发生了什么?"。

这句话作为一个保留问题,对于一个正在为说故事而挣扎的儿童来说,可能会提供一个指引。注意不要问得太多,因为你可能会发现自己陷入了这样的陷阱:每一句话都要问,然后到了写页面的最后一行时,不得不打断儿童。这个问题会让儿童有所回应,但如果过度使用,可能会影响儿童的故事。

当我第一次记录故事时,我并不了解儿童的故事可能只包含人物和很少的描述。在那段时间里,我经常问"然后发生了什么?",总是想促使儿童多说一点。

一天,一个男孩给我讲了一个故事:"苹果。"我没有止步于记录下"苹果"这个词,而是要求他多说一点。

于是他说:"蝴蝶。"

"然后发生了什么?"我问。我希望找到苹果和蝴蝶之间的联系。

"猫。"他说。接着他说的是"鸭子"。

他的眼睛看向上方,我鼓励他多说一点。"鸡蛋。"他说。我抬头看了看是什么吸引了他的注意力。就在那时,我发现了挂在教室里的字母表。"鱼,山羊,房子。"是他的下一句话。

"就这样结束了吗?"我问。但我真的很不想写下挂在墙上的 26 个字母所对应的单词。

"昆虫。"他笑着回答。

这个故事稍微夸大了实际发生的事情，但这件事让我反思自己应该多久问一次"然后发生了什么？"。现在，我更喜欢问"你的故事里还有什么吗？"，这个问题不太主观。它向儿童传递了一个信息，即他的故事由他掌控。一个词或一个短句，就可以是一个故事。随着儿童发展叙事语言，他们通常会加入更多的内容。

## 当故事结束时

当教师记录儿童讲述的故事后，可以接着做下列事情。

- 把故事读给儿童听，在每个角色下画线。
- 找出故事讲述者想扮演的角色，并圈出该角色。
- 询问故事讲述者想澄清的问题。

## 角色的选择

儿童可以在自己的故事中选择角色，因此你可以发现什么吸引儿童的兴趣。

有时，一个害羞的孩子会扮演超级英雄，并以充满自信的魔法形象震惊全场。毕竟，超人在没变身前只是一个看上去呆呆的新闻记者，蜘蛛侠在平时就是安静的彼得·帕克（Peter Parker），所以这不应该让我们感到太意外。当儿童扮演英雄角色时，传统的做法是穿上英雄的服装来假扮他们，孩子们在虚构的世界里感受着自己的力量。

有时，我会因为其他事情感到惊讶。一个男孩曾经要求扮演他的故事中的花。故事里有狗和孩子等角色，但他选择了花。当他表演出来时，我明白了原因。随着花的生长，男孩在舞台上翩翩起舞，用张开的双臂来表现花瓣。

几年前，在由MakeBelieve Arts举办的直升机故事培训工作坊上，一个男孩讲述了一个关于一名宇航员乘宇宙飞船到地球的故事。当时的工作坊导师玛丽·沃特金斯（Mary Watkins）转向男孩说："我可以猜出你想扮演哪个角色。你想成为宇航员吗？"

男孩摇了摇头。

"我想成为宇宙飞船。"他说。玛丽圈出了这个角色。在男孩离开后，玛丽告诉我，她认为宇航员是更好的角色，她对男孩没有选择那个角色感到震惊。

当表演这个故事的时候，男孩用他的手臂围成一个圈，弯着腰，在舞台上来回穿行，并发出宇宙飞船的声音。玛丽笑了。现在她明白了他为什么想要选择这个角色。

之后，我们讨论了主观臆断的危险，或者仅仅以成年人的眼光看待故事，对儿童的想法视而不见的危险。男孩的宇宙飞船远比我们设想的更富有想象力，但如果故事说演变得过于直接，这将被轻易地忽略。

玛丽直到现在依然认为这次活动是"我最重要的学习经历。相信孩子，你就会拥有神奇的时刻"。

## 澄清疑问

在故事讲述和记录完成后,你可能需要提问,以澄清与表演有关的问题。你可能想知道故事的后半段提到的"他"是不是前半段提到的"王子"。也许你不确定故事讲述者希望同伴扮演"房子"还是"城堡"。提出这些问题,将有助于你指导后续的表演。

## 角色的数量

如果角色的数量不明确,请在故事讲述结束后询问故事讲述者所需的数量。例如,故事中可能有坏人或仙女,你不知道应该有多少。如果儿童说了一个很大的数字,比如说"100",那么就利用这个时间进行协商。要现实地考虑舞台能够站下多少名儿童,以及本小组中一共有多少名儿童。

需要注意的是,如果你不限制某些角色的数量,其他角色可能就没人表演了。

假设 10 个仙女似乎是可控的,那么你很容易认同这个数字。如果另一个孩子要求有 8 个坏蛋,这就让人感觉太多了。

## 至关重要的最后一步

一旦你搜集了几个个人故事,你就需要准备好回到舞台区域,让儿童表演这些故事,完成至关重要的最后一步。

## 记录个人故事——要点总结

- 记录想讲故事的儿童和已经讲过故事的儿童的名单。
- 永远不要强迫儿童讲故事。
- 让不想讲故事的儿童在"故事倾听者"的角色中有积极的感受。
- 即使儿童没有马上答应,也要保持邀请他们讲故事的频率。
- 记住,讲故事是一种共同体活动。
- 如果你创建了一个故事桌,请用一系列创意材料来布置它。
- 经常问故事讲述者,是否希望在故事中包含同伴建议的角色。
- 要明白,记录儿童口述故事的最困难之处是准确地听到他们说什么。
- 教师要分清当下儿童是与你对话,还是与你说故事。
- 如果儿童决定在个人故事环节中不说话,那么教师应该等待,不要给儿童压力。
- 理解儿童的一词故事实际上包含一个角色。
- 如果儿童停止说话,教师可以试着问:"你的故事里还有什么吗?"
- 在故事结束后,提出有助于澄清疑问的问题,以支持后续的故事表演。
- 如果存在多人扮演同一角色的情况，那么在表演结束后，核查到底需要多少人来扮演这个角色。

# 第四章

## 至关重要的最后一步
### ——表演故事

从前有一位公主。她被困在一座塔里。

善良的仙女来了,邪恶的仙女来了,她们一起融化了塔。

(莉拉,4岁)

莉拉所在班级的教师近两年来一直在实践故事说演法。莉拉就读于刘易舍姆区的一所学校,该学校是 MakeBelieve Arts 的"直升机卓越中心"之一。全国各地有许多这样的中心,这些中心里的工作人员都接受过相关的培训,并致力于每周将直升机故事纳入课堂。

当莉拉讲完她的故事时,她告诉我,她想在表演时扮演公主。表演的时间到了,莉拉走上舞台。我邀请了三个孩子和她一起表演。按照她的指示,他们伸出双臂,建造了一座塔。作为公主的角色,莉拉站在里面,紧抓着墙壁,视线越过舞台周围的孩子们的头顶,投向远方。公主被困住了。

当我们演到"善良的仙女来了"和"邪恶的仙女来了"的部

分时,又有两个孩子走上舞台,共同努力将这些意象变为现实。她们举起魔杖,施了咒语。她们不需要关于如何做的指导。这是故事的言外之意,是她们直观理解的原型意象——不管是善良的仙女,还是邪恶的仙女,都会挥舞魔杖并施展魔法。

慢慢地,孩子们搭成的塔开始有节奏地"融化",啪啪地"掉"到地上。莉拉公主环顾四周,看到塔已经不见了。她跨过地上连接着的手,走向自由。

故事表演结束了,观众的掌声响起了。

尽管故事很短,但当我们看到莉拉和其他孩子的表演时,我们就知道了故事的全部内容。莉拉非常清楚她的塔是什么样子的,她能够指导同伴在她的周围形成这个结构——向上伸展手臂来搭建塔。

进入塔后,莉拉立即进入角色,抓住同伴的手臂,凝视着塔外。扮演塔的孩子们意识到自己角色的重要性,完全站着不动。这一幕场景能够吸引观众,虽然我们坐在一间满是灰尘的教室里,而且演员们才刚刚入学,但我们转换到了另一个世界——一个公主被囚禁在塔里的世界。我们的想象力(像莉拉的一样)填补了空白,通过莉拉的眼睛,我们看到了自己对周围场景的看法。

对于深度参与故事表演的儿童来说,其效果是强大的。善良的仙女和邪恶的仙女都会出现在故事里,同时挥舞想象中的魔杖,配合彼此的动作。在现场表演中模仿另一个人需要注意力非常集中,但在故事表演中,3岁儿童会本能地这样做。

当这座塔融化时,三个扮演塔的儿童表现出了更多的专业性。

他们往下倒去，不用说话就一起决定慢慢地往下倒，最后享受趴在地板上的那一刻。

演员的参与推动了故事的发展。他们的诠释将叙事活动带到生活中，在观众的脑海中创造了画面。

这是在戏剧中发生的，无论演员在教室里，还是在专业的舞台上，效果都是一样的。

莉拉的故事以塔倒塌为结束，但也许有一天在整部小说里会出现或者我们会找到，善良的仙女和邪恶的仙女联合起来解救公主的原因。

## 至关重要的最后一步

如果儿童讲述的故事当天就被表演出来，那么我们就能确保故事说演是一种鲜活的、具有生命力的活动，并且为儿童的语言注入生命。这是至关重要的最后一步。故事表演让我们能够更深入地挖掘故事，这是对故事讲述者（无论年龄大小）来说极具价值的方法。

简·卡奇（Jane Katch）是美国作家和五年级教师，她使用故事表演来支持学生发展创造性写作能力。她发现这有助于学生反思什么有效，什么无效。看完她的课后，我对儿童写作的清晰性和他们对进一步创编的热情印象深刻（见第十章）。

故事不是私事，个人的想象力对环境中的所有刺激都发挥着关键作用，并使听众产生思想涟漪。

（佩利，1990）

### 故事讲述者

在记录故事的过程中，教师要把故事讲述者想扮演的角色圈出来。在开始表演之前，花点时间提醒自己这一点。这样你就不会忘记这个步骤。相信我，在快节奏的故事表演世界里，我已经看到了很多教师会忘记这个步骤。

### 房间里的专家

故事讲述者是故事的创造者，掌握着关于故事的所有知识。如果另一个孩子在表演时犹豫不决，那么可以向故事讲述者提问。故事讲述者知道每个角色是如何行动的，或者他希望同伴如何站起来建造房子。如果演员在演出时遇到困难，那么可以邀请故事讲述者加以演示。你也可以向故事讲述者提问，让故事中的疑点得以澄清。比如故事情节是孩子们在玩一个游戏，而你不知道他们在玩什么游戏，那么你就可以问该故事的讲述者。

你的房间里有专家。要多问问他们，这真是太棒了。

如果出于某种原因，故事讲述者不知道答案或者不愿意分享，那么你可以问其他孩子："我想知道在阿利莎的故事中，青蛙可能会玩什么游戏。"

当有人回答这个问题时，你可以向故事讲述者复述他人的想法。

"阿曼达认为青蛙可能在跳。它们就是这么做的吗？"

然后，这个提议要么被接受，要么故事讲述者会建议开展另一项活动，要么其他孩子会试图弄清楚青蛙可能在做什么。

这种提问对房间里的每个人来说都很有趣。它表明了我们关心另一个孩子的发言，以及我们希望他的想象是"正确的"。青蛙在做什么？我们能想出来吗？

对于那些有叙事头脑的儿童，如果你还没有琢磨出青蛙在做什么，那么他们可能会感到失望。我很确信儿童一旦开始享受思考的乐趣，他们就会像在花园里滑冰一样——自由地驰骋。

通过与故事讲述者核实步骤，我们能够为讲述者赋予故事的所有权，但我们也让小演员们放心，他们不确定的任何事情都可以由故事的创造者来回答。

## 故事讲述者也是导演

有时，故事讲述者会担任导演的工作，就像本章开始提到的莉拉所做的那样，指导同伴用身体塑造塔的形状。你会注意到儿童对此很有见解，因为他们会自动地告诉舞台上的每个人，故事中的人物该如何行动或物体该如何被放置。如果一个孩子对舞台有非常固化的想法，那么让他深入探索就存在较大的困难。

在故事表演的过程中，教师要试着允许儿童去发现自己的解决方案。这可能会引发一种担心：儿童花费太多的时间，或者儿童带领得太多。当儿童在表演中遇到小状况时，我们与其急匆匆地去帮助他们，不如花时间观察，并在必要时支持他们通过协商进行社会互动（参见第七章的例子）。

除了前文中所描述的好处，故事说演还可以让我们有机会更多地了解周围的儿童，了解他们之间的关系，并支持他们交流想法。

**选择**

　　故事讲述者一般不会决定故事中的角色分别由哪些儿童扮演。尽管他能控制故事中的方方面面是很重要的，但选角是他无法做出"选择"的一个领域。当一个孩子问是否可以让他的朋友在故事中表演时，我告诉他，我认为邀请在舞台周围坐着的孩子会更加公平，这样每个人都有机会。

　　如果儿童选择由谁来参与他们的故事，那么故事表演将成为一项某些儿童可能永远都没有机会参与的活动。

　　花点时间反思一下你在学校里与"选择"有关的经历。对一些人来说，这可能是积极的。也许你是一个受欢迎的孩子，擅长运动，每个人都想选择你。

　　也许一些人更像我。当谈到体育运动时，我是第二个不可能被选中的人。最不可能被选中的人是朱莉。当朱莉在学校里的时候，我感觉很好，因为我一直知道，还有一个人不会被选择，我不会是最后一个加入球队的孩子。对我来说不幸的是，朱莉几乎不来学校，所以在大多数时候，当其他人都被选中后，我是被剩下的女孩。我讨厌选择。我肯定朱莉更讨厌它。

当被赋予选择的权利时，儿童往往会让他们的朋友参与故事表演，而那些不属于这些小团体的人则被排除在外。

给儿童施加这种压力是不公平的。任何一个人都很难选择一个不是自己朋友的人。假设我们确实接近了一个新朋友，而我们的朋友感到不安，或者我们想邀请的人不想参与怎么办？至少和我们的朋友在一起时，我们知道自己是安全的。

一些教师在处理选择过程中出现的问题时，可能会邀请孩子们选择一个尚未被选择的人，说："奥斯汀已经很久没有出现在任何人的故事中了，你为什么不让他当狮子呢？"

通常，在听到这样的问题后会有这样一句话："我不想让奥斯汀出现在我的故事中。"

想象一下奥斯汀的感受。

另一种处理这种情况的方法是一位与我共事的教师向我透露的。她过去常对全班学生说："如果你没有被选中过，请举手。"我们开玩笑说，她真正想说的是"有人没有朋友吗？如果没有人愿意和你一起玩，请举手"。

按照孩子们围坐在舞台边的顺序轮流，可以停止这种"选择"带来的排斥行为。很快，大家就会习惯于这种轮流的方式。通过轮流，他们有机会体验不同的相处方式。当孩子们与他们通常不会一起玩的同伴表演时，小团体的界限就会被打破。

一位来自波士顿的教师从先前的选择模式转变到了这种新的模式。她告诉我，她的孩子们发现这种模式非常好，在故事说演之外，班级里的孩子已经能够合作得很好。她说这是意外之喜，是预期之外的收获。她班上有一个男孩不容易交到朋友，但擅长表演，他开始被邀请和其他孩子一起"喝茶"。他已经被很多孩子接纳。"就好像大家都会留意到他，我相信这是因为大家看到他曾在几个故事中扮演了怪物。"

## 旋转的叶片

一位多年来一直实践故事说演法的教师曾问，我们之所以用"直升机故事"来称呼这种方法，是不是因为我们让儿童在舞台边轮流表演。她把这比作直升机旋转的叶片。我喜欢这个想法，这是记住这个过程的好方法，但这个名字实际上来源于我读的第一本佩利的书，那本书是《直升机男孩》。

## 模糊性别角色

以"旋转的叶片"的方式让儿童登上舞台的另一个好处是，你永远不知道他们会在别人的故事中扮演什么角色。在这个过程中，性别角色会变得模糊。一群女孩可能最终成为坏人，或者一个男孩可能成为公主；害羞的孩子可以成为超级英雄，活泼的孩子可以是城堡的墙壁。儿童最终扮演的角色可能与他们想扮演的角色不同。

第四章　至关重要的最后一步——表演故事

## 我的动机是什么

我和一群故事说演经验丰富的孩子一起工作。迈克尔给我讲了他的故事。故事里的角色叫"田小班"（Ben 10），我知道这个人物。他的故事里还有一个叫"魔贾斯"（Vilgax）的角色，但我不了解这个角色。[①] 我认为孩子们都知道这些角色，在开始表演之前，我没有问迈克尔任何需要澄清的问题。

让儿童按顺序轮流上台的好处之一是，你永远不知道每个角色会轮到谁来扮演。今天就是这样的情况。

迈克尔想扮演"田小班"，"魔贾斯"轮到简来扮演。她是自愿上台表演的，但当我问她能否看到她像"魔贾斯"那样走路时，她低声对我说："我该怎样走？我可以做什么？"

我请求帮助："迈克尔，当简扮演魔贾斯时，她该怎样行走？你有什么可以帮助她的想法吗？"

迈克尔看着我，回答说："魔贾斯很高，比田小班还大。他是灰色的。"

我把这些信息反馈给简，希望能给她一些帮助。她继续盯着我，然后问："是的，但我该做些什么？如果我不知道该做什么，我怎么知道该如何行走呢？"

---

[①] 田小班和魔贾斯是根据《少年骇客》（Ben 10）系列电影改编的游戏中的角色。——译者注

这是一个很好的问题，我把简在我耳边悄悄说的这些话重复给迈克尔。

"迈克尔，简想知道魔贾斯是做什么的。他是坏人还是好人？"

"一个坏蛋。"迈克尔说。

我把这个信息转达给简，问她现在是否可以开始表演了。她对我微笑，走上舞台，露出看上去很刻薄的表情。她已经找到了扮演这个角色的动机。

她让我想起了在 MakeBelieve Arts 里工作的专业演员。他们通常会在自信地表演角色前询问更多的信息。他们可能需要弄清楚背景故事或他们所扮演角色的特征。

上文中提到的两个孩子都是 5 岁，他们从托班开始就一直参与故事说演。我想我不应该对他们的专业度感到惊讶。

## 协商

尽管故事讲述者掌控着自己的故事，但有时另一名儿童会走上舞台，要求成为故事中本不包括的角色。

"我想成为一只雷鸟[①]。"

如果发生这种情况，一种处理方法是询问故事讲述者。"你的故事里有雷鸟吗？"

如果故事讲述者说没有，那么可以试着问全班儿童一个问

---

① 北美印第安神话中一种会呼唤雷雨的神鸟。——译者注

题。"比利说他的故事里没有雷鸟，那么我们该怎么办？"

通常在这种协商中，我会暂时停止发言，让儿童找到解决方案。如果我真的要发言，那就是确认一名儿童与其他儿童通过协商达成某种约定。儿童习惯这样协商，他们在游戏中经常这样做。

如果儿童之间没有达成妥协，那么我会向想成为雷鸟的儿童解释，在这个故事中没有雷鸟，也许当他讲下一个故事时，他可以在其中加入雷鸟（关于更多的协商示例，请参见第七章）。

我们随时欢迎评论，但在某人的故事中插入新角色需要获得许可……你的表演是否属于你进入的场景？如果不属于，你能说服参与表演的其他儿童改变他们的剧本吗？如果不能，你会同意扮演一个不同的角色吗？我们将这称为社会化，这只是意味着在任何年龄阶段，你都同意在给定的剧本中扮演好自己的角色。

（佩利，1990）

故事说演是游戏的一种形式，是儿童用来讨论和掌控故事的灵活工具。帮助儿童促进对话是有价值的，但我尽量不为他们寻找解决方案。

## 海盗守则

在 2003 年的《加勒比海盗》（*Caribbean*）电影中，乔什米·吉布斯（Joshamee Gibbs）对伊丽莎白·斯旺（Elizabeth

Swann）说，海盗守则更像是指导方针。这暗示他们应该忘记守则，忘记规则。毕竟，他们是海盗。每当我看到电影的这个情节时，我就会想起我对直升机故事的感受。

故事表演几乎没有硬性规定。每当我提出一些建议，你都可能会发现在某些情况下，另一种做法可能更好。你可以将本书视为指导方针之一，如果你的替代方案更合适，就应立即放弃本指导方针。

只要儿童是这项活动的中心，并且边活动边反思，故事说演就会对参与的儿童产生巨大的影响。在2003年于伦敦召开的一次会议上，佩利说："如果有些事情不起作用，我们就需要改变开展活动的方式，而不是改变儿童。"

**选择的重要性**

当与一组儿童一起表演他们的故事时，我更喜欢让他们都在场。有时，教师会问我，她是否应该把某个孩子带出教室，因为他有自闭症，或者因为他"难以参与"。我总是不鼓励这样做。直升机故事面向所有的儿童，定期使用这种方法，有助于发展班级共同体。某些成员因不符合特定规范而被排除在外，将对该集体不利。

我曾和一名自闭症男孩一起工作过，当故事表演开始后，他想待在舞台附近的小帐篷里。当表演第一个故事时，他伸出了头；当表演第二个故事时，他的整个身体都探出来了；当表演第三个

## 第四章 至关重要的最后一步——表演故事

故事时，他已经爬到了其他孩子的后面，并在他们周围窥视。三周后，当故事表演将要开始时，他已经迫不及待地坐在舞台旁边。

我们必须重新审视海盗守则。建议所有儿童都参加故事表演是一项指导原则。这取决于个人的需要。我见过成年人把孩子们搂在一起，让他们留下来参加地毯活动。但是，一个哭得不停的孩子会让整个小组都心神不宁。有些孩子需要四处走动。如果一个孩子离开舞台边，在教室里游荡，那么只要有人看着他，确保他安全就行。这项活动的吸引力在于，大多数儿童都想留下来。

## 参与

是否参与表演也是一种选择。如果某些儿童不想参与，那么这不是问题。在按照顺序轮到他们时，你要不断询问他们是否愿意参与，并始终接受他们的回答。很少有儿童会长时间地拒绝，通常在几轮后，每个人都很乐意参与。

有时，儿童不想在自己的故事中表演，这没有问题。在没有自己参与的情况下，观看自己的故事如何被别人表演，可能会使儿童深入思考。如果这是儿童自己决定的，那么就让他坐在你的面前，让他看到表演，在有困惑时咨询他，并在故事结尾时向他和演员鼓掌致谢。

博拉几乎不会说英语。起初，他不愿意讲故事，当他说了第一个关于老虎的故事后，他坚称自己不想参与故事表演。他坐在我的前面，看着班上的另一个男孩在舞台上爬行，咆哮着，盯着观众，好像在追踪他的猎物。博拉的脸上洋溢着喜悦。选择不表演就像他选择了饰演主角一样，对他来说都是一段有意义的经历。

当看着自己的故事变得"栩栩如生"，自己的想象变成了现实时，儿童会意识到自己值得被倾听，意识到同伴喜欢在自己的故事中表演。儿童甚至可能会注意到一些以前从未见过的东西。博拉没有花很长时间就开始定期说故事和表演故事，但他感受到被倾听是至关重要的第一步。

## 除非儿童是故事表演的一员，否则不能进入舞台

尽管本指南旨在描述舞台上的各种状况，但有时会被人忽略。海盗守则用起来还是很方便的。

在工作的过程中，我发现有些儿童在没有轮到他们或其他人正在表演时总会冲上舞台。作为教师，我有时很难容忍这一点，但每个教室里都有一些人需要额外的自由，他们还没有准备好坐着不动。

如果教师不断地试图让一个孩子离开舞台，而这个孩子泪流满面或感到愤怒，那么这将破坏整个班级里的信任。此外，一旦我们的注意力从故事表演上偏离，孩子很可能会退缩，不敢上台表演。

在佩利的《会讲故事的男孩》(*The Boy Who Could Tell Stories*, 2001)的视频中，亚伦在故事表演期间未经邀请就走上了舞台。下面是对这一片段的记录。

## 第四章 至关重要的最后一步——表演故事

佩利：小狗绕着树走。（两个女孩站在舞台上。一个女孩在扮演小狗，一个女孩在扮演树。亚伦在地板上打滚，抓住她们，咯咯地笑。）

佩利：亚伦，你站起来，也做一棵树。让我们看看亚伦是否愿意成为故事中的一棵树。

（亚伦继续在舞台上打滚。）

女孩：亚伦在我们班上有点不同。

佩利：亚伦在这门课上有点不同？亚伦，你能成为另一棵树吗？

女孩：他不知道你在说什么，因为他不知道……

佩利：不，我想亚伦可能是一朵花或一棵树。

亚伦：一棵树。

佩利：站起来做一棵树。现在，有两棵树，让我们改变我们的故事。

（亚伦站了一会儿，然后走到舞台外徘徊，并看着舞台。）

大多数儿童能够理解在活动中需要保持坐姿，而有些儿童不会这样做。这些儿童在听指令方面存在更多的困难，需要被给予额外的自由。当某人"有点与众不同"的时候，我们都能感知到。我们希望他们得到支持。

如果允许一个孩子自由，导致所有孩子都爬上舞台，那么我会针对这个问题进行一次对话,并让孩子们找到应对策略。然而,在过去的 20 多年里,我一直以这种方式在不同的班级里工作,我从未发现失控的情况。儿童天生具有同理心。

**平等还是公平**

平等地对待每一个人就意味着公平吗?

直升机故事是从故事表演中建立的指导方法,在其规则和秩序上有与表演类似的混沌感。班级里的每个孩子的需求都是个性化的。有些孩子需要更多的一对一时间;有些孩子在社交过程中感到很吃力,在群体中努力寻找自己的位置。故事说演是支持这些孩子的工具,能够帮助他们探索不同的角色,并以不同的角度看待彼此。当儿童需要额外的支持时,我会继续提醒他们遵守规则,让他们有参与的空间。

**得到维护的公平**

3 岁的贝妮塔在讲故事时宣称:"我希望我的朋友成为我的故事中的妈妈。"

我提醒她,当我们表演故事时,我们会邀请坐在舞台周围的孩子。她的朋友刚刚已经表演过了,我们应该按照顺序轮到下一个人。目前应该是另一个孩子上场。

贝妮塔想了想。"那她呢?"她指着坐在舞台另一边的女孩说,"她不得不等待,这是不公平的。什么时候轮到她?"

## 第四章 至关重要的最后一步——表演故事

我提醒贝妮塔,她指的那个女孩也表演过一次了。她在几天前的故事里还是老鼠的朋友呢。我重申,她在等我们再次绕着舞台轮一圈,这样她就可以进行第二轮表演了。

贝妮塔又想了想。"他呢?"她指着离我坐的地方近一点的另一个孩子。

"他刚才表演了,"我说,"他是那只老虎。"

"他呢?"她问。

"他表演了房子的墙壁。"我说。

她又指了几个孩子,他们都已经在舞台上表演了。每次她指到某个孩子,我都提醒她,他们当时所扮演的角色是什么。

"我们一直沿着舞台,大家轮流上场,让每个人都有机会。"我说,"我只是想确保这是公平的。"

"这是公平的。"她说。她高兴地允许轮到的这个孩子成为她的故事中的妈妈。

在被允许质疑这些规则之后,她心满意足地继续下去,因为她知道自己最看重的东西——公平——正在得到维护。

## 故事表演的逻辑

### 时间

我们通常每周至少有 20~30 分钟的故事表演时间。这样就有足够的时间表演 5~8 个故事。然而,在有些环境下可以每天进行故事说演,并在每天早上结束时定期表演两三个故事。这可能只需要 5 分钟。

如果你刚开始指导故事表演，值得做的是先从搜集几个故事开始，随着你越来越熟悉这个方法，逐步扩展故事的数量。

有些故事很短或很容易表演，有些故事则更复杂。因此值得注意的是，教师在开始阶段搜集的故事的长度，可以作为衡量一次活动中可以记录多少故事的标准。这将确保你不会超出表演的时间。

所有的故事都必须在搜集的当天进行表演，即使你在下午要赶公共汽车。

故事说演是一种生活体验，重要的是我们不要忘记其中的故事表演部分。这是至关重要的最后一步。正是故事表演部分可以让儿童参与进来，并将说故事与表演故事联系起来。现在他们（特别是通常不参与语言类活动的儿童）在说故事时更加有目的，有动力。

通常的程序是，在整个活动中收集个人故事，然后把故事表演作为活动的结束部分。故事表演是快节奏的，不需要太长时间。

### 定期进行

为了使故事说演发挥作用，它必须定期进行。在佩利的教室里，故事说演每天都在进行。在英国，在大多数情况下，它是一周一次，而在世界上的其他地方，是每天和每周的混合。为了获得这项工作的全部益处，它必须经常进行。

# 第四章 至关重要的最后一步——表演故事

如果平均每个班有 30 个孩子，你每周需要记录 6 篇故事，那么需要 5 周的时间让每一个孩子都参与进来。同样的一个班级，每天都讲 3 个故事，那么每个孩子只需 2 周就可以轮到了。

孩子们在教室里说故事、演故事和参与他人故事的频率越高，这种方法的影响就越大。

## 道具

道具对于直升机故事的实现来说不是必要的。儿童可以用他们的身体来扮演房子或物体，也可以模仿它们。他们在幻想游戏中就是这样做的。

想象力使你看见自己的内心世界成为可能，而在现实世界中的表演让你有能力带领观众呈现这些内心世界的画面。我们不需要用道具把舞台弄得乱七八糟，也不需要让这个过程变得烦琐。如果使用道具，我们需要置办大量物品，以满足故事的要求，而这样并不会增加这项工作的价值。

直升机故事的快节奏和直接性是其吸引力和效益的重要部分。故事表演是即兴创作。这是一个让儿童想象的机会，也是一个让教师发现儿童如何看待世界以及如何向观众描述世界的机会。

小的动作往往能够讲述大的故事。

## 故事表演——要点总结

- 故事表演具有将我们转换到另一个世界的力量。
- 演员的参与能够给故事带来新的生机。
- 对于年龄稍大的儿童,表演故事的过程就是故事的再创编过程。
- 故事讲述者优先选择他们想在故事中扮演的角色。
- 故事讲述者不能选择由哪些儿童来表演故事。
- 按照儿童在舞台边围坐的顺序,轮流分配饰演的角色。
- 当我们以这种方式工作时,性别角色是模糊的。
- 如果对角色的行动或物体摆放的方式存在疑问,请咨询故事讲述者。
- 对于故事讲述者不确定的问题,可以问其他儿童。
- 允许故事讲述者指导表演活动(如果他们愿意)。
- 支持儿童相互协商,共同探索解决方案。
- 如果有些东西不起作用,请改变你开展活动的方式,而不是改变儿童。
- 记住海盗守则,这真的只是指导原则。
- 平等对待每个人并不总是公平的。
- 每周的故事表演时间为20~30分钟,如果你每天都在表演故事,则为5~10分钟。
- 让故事说演成为常规的课堂活动。

- 确保所有儿童都在场。
- 不应该强迫儿童在故事中表演。
- 有些儿童不想在自己的故事中表演。
- 这种方法不需要道具,可以通过儿童的身体想象或创造来完成。
- 故事表演是一个快节奏的活动。

## 开展直升机故事的四个步骤

物料清单
- 遮蔽胶带
- 用来示范的两三个故事
- 用来记录故事的 A5 记录本或 A5 纸
- 一支笔
- 一份儿童名单

第一步:初次了解故事表演
- 标记出一个长方形的舞台,邀请儿童围坐在舞台边。
- 朗读一个示范性故事,在读完第一句后停下来,让儿童开始角色表演。
- 按照儿童围着舞台就座的顺序依次邀请他们上台表演。
- 在每个故事的结尾,让儿童向演员鼓掌并表示感谢。

### 第二步：在舞台边说故事

- 询问是否有人愿意讲述自己的故事。
- 邀请第一个愿意讲故事的儿童坐在你的旁边。
- 在页面顶部写下儿童的名字和日期。
- 故事根据儿童喜欢的程度可长可短，但不能长到超出页面底部。
- 一字不差地记录故事，边记录边大声重复。
- 把故事读给儿童听，在所有的角色下面画线。
- 在儿童想表演的角色上画圈。
- 一旦记录好故事，立刻带领小组表演。
- 一旦你完成了两三个故事的记录和表演，询问是否有人愿意给你讲一个个人故事。

### 第三步：记录个人故事

- 个人故事可以在故事桌边或者当教师和儿童并排坐在地板上时记录。
- 调整坐姿，让儿童可以看到你在写什么。
- 讲故事是一种共同体活动。其他儿童可能会坐下来听。
- 故事讲述者可以决定接受或拒绝同伴的想法。
- 准确地记录儿童所说的内容，并在记录时大声说出每个词。

## 第四章 至关重要的最后一步——表演故事

- 故事可以仅仅是一个词。
- 不应该强迫儿童讲故事。
- 把故事读给儿童听,在故事的角色下面画线。
- 问故事讲述者想扮演谁,并在这个角色上画圈。
- 提出有助于理解但不改变故事的澄清性问题。
- 在故事名册上勾选儿童的名字。

**第四步:表演故事**

- 所有的故事都应该在记录的当天进行表演。
- 让故事讲述者坐在你的面前,告诉大家他将扮演哪个角色。
- 朗读第一句话,然后根据舞台边的座位顺序邀请儿童扮演其他角色。
- 故事讲述者是其所述故事的掌控者。
- 不应强迫儿童表演。
- 在一个故事的表演结束后,要鼓掌表示感谢,然后进入下一个故事的表演。
- 列一个名单,标记出希望在下一次说故事的儿童。

带着好奇心和游戏精神来完成这项工作。

# 第二部分　原因

## 故事说演

这些敢于重新创造神话的人是谁？

是每一个教室里的孩子，

他们在没有任何指导的情况下思考着情节和对话。

而且在大部分情况下，其中没有掺杂教师的意识。

——佩利（1990）

# 第五章

## 魔幻之地

### ——为什么故事如此重要

去猎熊。

他们走到一个山洞。

然后一只熊走过来,说"啊呜"。

然后它试图吃掉他们。

然后他们往家里跑,在暴风雪中跑,他们跑回了家。

他们锁上了门,熊想和他们做朋友。

(玛莎,3岁)

3岁的玛莎非常喜欢迈克尔·罗森(Michael Rosen)的故事《我们去猎熊》(Going on a bear hunt)。她很乐意遵循几个世纪以来的口述故事传统,讲述自己的故事。她回忆了许多故事的细节——山洞、暴风雪、锁起来的门。她还改变了结局。在玛莎的版本中,熊想和人成为朋友,这是合乎逻辑的。即使是一个3岁的孩子也知道,当我们能够与熊成为朋友时,生活会变得容易得多。

世界各地的儿童从很小的时候就会有这种行为——聆听故

事，然后改编和重新讲述属于自己版本的故事。无论他们的背景、生活条件如何，也无论他们是否挨饿，都会发生这种情况。来自战祸连连的国家的孩子们和来自中产阶级城郊别墅区的孩子们一样渴望参与到想象的故事中。

故事不仅仅是儿童的游乐场。作为成年人，我们花费大量的时间来创造和分享它们。从编造传说来解释周遭世界的洞穴居民，到坐着看电影或看书的 21 世纪人类，故事一直在生活中扮演着重要角色。即使处于睡眠状态，我们的大脑也会使用故事来处理潜意识中的事件。故事是我们交流的方式，我们可能会围着饮水机或在员工办公室里，与朋友分享在周末发生的故事。就像所有打动人心的故事一样，我们经常创造性地给这些故事"添油加醋"，以增加戏剧性的味道，用一点点夸张和魔法的火花来重塑我们的生活。

**成年人讲故事**

当我第一次做故事说演培训时，我让教师自告奋勇来口述一个故事，这样我就可以演示如何记录故事。我仍然保留着第一份成年人的故事，我还记得它是如何被表演的。

有一天，有一位母亲回家，打开家门，发现晚餐做好了，房子里很安静，孩子们玩得很开心。

## 第五章 魔幻之地——为什么故事如此重要

我问这位教师想扮演什么角色,她笑着说:"当然是妈妈。"我们把这个故事演出来了。一位教师饰演妈妈进屋时打开的门,两位教师扮演炉子,第四位教师表演热气腾腾的晚餐。最后,我们谈到"孩子们玩得很开心"这句话,我问这时有几个孩子,她告诉我"4个"。

扮演孩子角色的教师们坐在那里,对着母亲像天使一样微笑。炉子和晚餐在后面冒着热气,妈妈带着喜悦和宽慰的表情环顾着现场。当我们鼓掌致谢,演员离开舞台时,我注意到故事的讲述者叹了口气。我问她是否真的有4个孩子。她点了点头。我的下一个问题是她是否曾如此平静地回到家。她摇了摇头。

用故事说演来体验我们的梦想是多么美妙,它能够创造完美的回家时刻,让教师在一天的工作后,逃离生活的现实。

在一次会议上,面对1500个观众,一个男人讲述了一个完全不同的故事。

有一次,在一个会议上有一个手提包。它有成千上万的手提包朋友。但是没有人来拿它们。所以它们坐在那里,失望地等待着有人来。它们没有等到人。最后,这些手提包被分给了路人。

从衣着打扮来看,他是一名组织者。我想让你猜猜他在什么领域工作。成年人会用故事来掩饰他们的焦虑,而这正是孩子们在面对怪物或躲避恶龙时所做的事情。

## 人类的基本行为

听故事和讲故事一直是人类的基本行为。如果这些行为除了帮助我们在地球上虚度光阴之外没有其他用途,那么在几个世纪之后,它们肯定会变得多余且不复存在。

那么,为什么我们要参与故事,故事对儿童的生活有什么好处?丹尼尔·丹尼特(Daniel Dennett)在《意识的解释》(*Consciousness Explained*, 1991)一书中探讨了生物进化的方式,这些生物能够"通过封闭边界,区别内部的一切与外部世界的一切"。这可以从部落或群体行为中看出,房子及其界定的边界能够让我们躲避外部世界的危险。它同样与独立生存的生物相关,比如蜗牛通过生长外壳,在自身和外部事物之间建立边界。

已知的世界能够带来安全感,生存取决于我们清楚地知道安全的终点和危险的起点。丹尼特将发生在人类身上的这一进化历程与人类发展自我意识进行了比较。他相信,叙事为我们提供了一种管理个人边界内外发生的事情的方法,为我们提供自我保护、自我控制和自我定义的能力。

> 正如海狸筑坝、蜘蛛织网,人们会讲故事。
>
> (丹尼特,1991)

丹尼特提出,正是出于维持我们的进化需要,我们开始制造故事。他称之为"叙事重心"(centre of narrative gravity),其自

## 第五章 魔幻之地——为什么故事如此重要

然而然地统一了所遇到的所有信息片段，就好像它们来自同一个源头。在我们分享的故事里，我们无意识地构建了自己的形象，并将其展现给他人，我们也理解了这个世界以及它如何被描绘给我们。上述过程通常是在我们无意识时完成的，这一事实让我们对叙事结构和隐喻有了深入的理解。这些情况在儿童和成人中都存在。

### 但是它们源自何方

我们的故事是编造的，但在大多数情况下，并不是我们编造了故事，而是故事编造了我们。

（丹尼特，1991）

关于故事的无意识特征的观念与我在戏剧和即兴创作中所做的工作产生了共振。通常在思考的过程中，我们的想法似乎不知从何而来，好像房间里的每个人都接入了同一条供应线，但没有人知道它在哪里，也没有人知道我们是如何找到它的。

长篇的叙事性即兴创作由一群演员发起，在观众面前创作长达数小时的相互关联的故事，他们无须事先排练或讨论，他们只是在不断地找补。你可以观察任何一组参与深度游戏的儿童，他们可能正在讲述故事或成为某个角色，你会看到一个即兴剧团，他们在一起编剧。

叙事深入我们的内心，当我们向它敞开心扉时，我们永远不知道会出现什么故事。然后，在有些日子里，在那些摇摇欲坠、毫无灵感、灰暗的日子里，什么都没有。

《美食、祈祷和恋爱》（*Eat, Pray, Love*）一书的作者伊丽莎白·吉尔伯特（Elizabeth Gilbert）在她的演讲中谈到了这个"难以捉摸的创意天才"。为什么想象的源泉有时会存在，有时你会觉得自己在艰难跋涉？为了寻找答案，她发现自己在重新审视古希腊和古罗马的信仰体系。她发现，在那些日子里，"人们相信，创造力是一种神圣的守护精灵，从遥远而不可知的地方来到我们身边，带着某种遥远而不可知的目的"——一张我们编制的网，却不受我们的控制。

### 故事明证

在肯德尔·黑文（Kendal Haven）的《故事明证》（*Story Proof*, 2007）一书中，这位研究资历颇深的科学家转变为专业的故事讲述者，揭示故事的惊人力量背后的科学。他考察了我们的大脑如何以进化意义上的固有方式进行思考，并提出证据以说明我们如何在所提供的信息中寻找叙事联系。

在他书中有这样一个证据，可以作为例子：

这里有三句话。

他去了商店。

弗雷德死了。

## 第五章 魔幻之地——为什么故事如此重要

莎伦饿得哭了……

你是否假设第一句中的"他"是弗雷德？你有没有试着把前两句话联系起来，想知道弗雷德死了是不是因为他去了商店？或者他是不是在商店里死了？你会假设弗雷德去商店是为了买东西给莎伦吃吗？你是否认为弗雷德和莎伦是有联系的，她哭的部分原因是弗雷德死了？

（黑文，2007）

即使上面的句子是断断续续的，我们的大脑也会无意识地创造一个连接它们的故事。

黑文展示了一旦某件事被呈现为一个故事，我们就很容易与它联系起来。他认为叙事是一种自然而灵活的教学工具，是通往大脑的高速公路。

故事的浮现过程就好像在高速公路上行驶一样。为什么呢？正如交通工程师设计了这些特定的车道来加速进入大城市一样，进化和大脑在其可塑时期也设计了故事路径，并将其作为进入人类大脑的快车道。

（黑文，2007）

## 现实的预演

这条快车道的意义是什么，它能让我们做什么？

《讲故事的动物》（The Storytelling Animal，2012）一书的作者乔纳森·歌德夏（Jonathan Gottschall），分享了心理学家基思·奥特利（Keith Oatley）如何将故事描述为"人类社会生活的飞行模拟器……故事让我们可以在安全的训练模式中接受社会的重大挑战。就像飞行模拟器一样，故事将在现实中面临问题的我们投影到与之并行的高度模拟的问题中"。

故事为我们的大脑提供了一种由事件组成的叙事模拟，因此我们经历了起伏，但幸好我们最终仍然活着。我们没有遭受痛失所爱，也没有直面死亡；我们的英雄们为我们这样做了，我们为他们感动涕零。

奥特利提出，虽然我们喜欢故事，但大自然发展了我们创编和表演故事的能力，使我们能够在情境中练习，在脑海中遇到故事，而不是要等到我们在现实生活中遇到它们。

对这一概念思考得越多，我就越能将我的戏剧作品与奥古斯都·波瓦（Augusto Boal）的参与式方法联系起来。我的戏剧本质上是创造和分享故事，促使观众以其他方式思考。波瓦通过他的《被压迫者的剧场》（Oppressed，1979），探索了这种参与式方法。

波瓦是一位戏剧导演，他开发了一种被称为"论坛剧场"（Forum Theatre）的方法。演员们创作一个短剧，围绕着最重要的主角和主角努力实现目标时面临的不断升级的困难而展开。在节目结束时，角色的处境比开始时更糟。小丑/主持人对观众讲

## 第五章 魔幻之地——为什么故事如此重要

话,询问他们能否对演出加以修改,从而改变故事结局。该剧再次开始,观众(波瓦称为观演员①)有权在任何时候停止演员的行动,扮演被压迫者的主要角色,尝试不同的解决方案。这被定义为对现实的预演,是一个飞行模拟器,使我们能够在不受伤害的情况下处理有问题的情况。

在任何幼儿园或学前班的玩具区里,你都可以看到儿童很乐意参与他们对现实的预演和彩排,比如尝试扮演母亲的角色、寻找迷路的孩子、做晚餐或生气。我们看到公主和超级英雄、怪兽和龙,面对危险,挑战邪恶,或乘直升机安全回家。他们知道门可以关上,熊可以被留在外面。

亚里士多德是第一个注意到"虚构的悖论"的人,因为它给人带来快乐,但它的大部分内容都包括不愉快的事件。对于没有逆境,每个人都很快乐,什么事都没有发生的故事,任何人都不感兴趣。艰难与奋斗是叙事的基本元素。基兰·伊根(Kieran Egan)在《讲故事教学》(*Teaching as Storytelling*,1986)中谈到了二元对立——例如,善与恶、公平与不公平、残忍与友善——的重要性,它们是组成故事的重要部分。他认为,正是我们探索

---

① 波瓦提出了观众(spectator)必须重新获得讨论和行动的主动权,他们应该既是演员,又是行动者,因此他称观众为"观演员"(spect-actor),并发展出各式各样的方法及练习,以促使这种互动的发生。事实上,关于"观演员"的理念可以说是波瓦的倡议中最核心和最具突破性的观念。——译者注

这些全球问题的愿望，让我们参与了虚构叙事。

**神经元开始放电**

如果从神经学的角度来看故事的力量，我们会因此变得更加兴奋。科学表明，当我们与一个故事联系起来时，我们的大脑中与特定情绪或行为相关的部分会被点亮。我们的神经元开始放电，就好像我们在参与活动，而不是被动地阅读。

在 2006 年，《纽约时报》（*New York Times*，2012）报道的一项研究中，研究人员在被试阅读与强烈气味相关的词语时对其进行大脑扫描。他们发现，除了大脑中处理语言信息的部分开始工作，大脑的其他相关部分也会被激活，就好像这个人实际上闻到了薰衣草或肉桂的味道。他们证实，当我们听到具有明确含义的词语时，我们大脑的反应就好像我们实际上在感知它们。研究人员还发现，当我们读到其他人参与活动时，我们大脑的运动皮层部分会变得活跃，好像我们也参与了身体活动。

我们现在知道，当试图理解他人的想法和感受时，我们大脑中使用的部分与我们理解故事时使用的部分有重叠。

叙事提供了一个独特的机会来激活这种能力，因为我们会识别角色的渴望和挫折，猜测他们隐藏的动机，并追踪他们与朋友和敌人、邻居和情人的交往。

（墨菲，2012）

## 第五章 魔幻之地——为什么故事如此重要

奥特利博士（Dr. Oatley）和马尔博士（Dr. Mar）于 2006 年和 2009 年发表的两项研究表明，与较少接触小说的人相比，接触大量小说的人更能理解他人、具有同理心并从他人的角度看待世界。

换句话说，故事具有影响我们身体的力量，大自然能够确保我们享受它们，因为它们对我们有益。

人类生活是复杂的，有很高的风险，小说让我们的大脑能够应付对我们作为一个物种的生存至关重要的挑战。

（歌德夏，2012）

这一切都是从婴幼儿时期就开始了。大家很容易想到的是，叙事连接始于语言的开始，但当心理学家对新生儿及其"有节奏、有目的地意识"的能力有更多的了解时，他们就会发现儿童在学习语言之前就已经开始了叙事连接。

……即使是非常小的婴儿似乎也能用巧妙的想象力进行交流，随时准备学习新的表达技巧。他们试图与他人一起学习如何以虚构的、有意义的、基于历史的方式生活。

（特雷瓦森，2010）

## 魔幻之地

儿童习惯于听故事，他们迫不及待地想听故事，并热衷于说故事。当我们倾听他们在游戏中的对话时，我们可以清楚地看到，他们源源不断的意识流和隐喻中有多少是从他们可用的众多资源中借来的内容。这些意象以不同的顺序排列在一起，呈现了一幅图片，展现出儿童视角下的世界。

故事对儿童来说是一个重要的工具，因为它为他们提供了一个探索和理解冲击其感官的各种词汇、景象、声音、味道、气味和质地的地方。通过在幻想中扮演角色，儿童体验不同的情况，并与他人的观点产生共鸣。

A. A. 米尔恩（A. A. Milne）在《小熊维尼》（Winnie the Pooh）的结尾提到了百亩森林中的一个迷人的地方，克里斯托弗·罗宾（Christopher Robin）和他的熊继续在那里玩耍。Make-Believe Arts 里的一位直升机故事受训人员——安妮库斯·阿尔曼（Annekoos Arlman），分享了她第一次使用佩利的方法创编故事时的感受（MakeBelieve Arts 直升机故事，内部评估，2014）。

这就像"被邀请回到了大多数人早就离开了的森林之巅的魔幻之地，它让人既熟悉又陌生，因为毕竟我不再住在那里，我只是一名游客。但当我在那里的时候，我很容易被魔咒迷住，就好像我从未离开过"。

最重要的是，即使我们不看"故事能创造神经联结"等证据，故事也能带来一种纯粹的感觉，就像进入魔幻之地一样，驱使我去听，去写，去重新创造或构建自己的故事。这是一个所有人都可以进入的世界。

## 此时此地

彼得·布鲁克（Peter Brook）说，"戏剧存在于此时此地。它发生在你表演的那一刻，演员世界和观众世界相遇的那一刻。这是一个缩小版的社会，每天晚上聚集在一个空间里的小世界。剧院的作用就是给予这个小世界以另一个世界的当务之急和转瞬即逝，从而关注它、改变它、整合它"（Nicolescu，1990）。

戏剧的即时性，戏剧的此时此地，同样存在于儿童一起表演他们的故事的教室中。戏剧激发观众热情的方式可以发生在上午结束前 20 分钟的教室里，也可以发生在晚上由专业演员表演的昏暗剧场里。儿童戏剧能够描绘出他们所看到的世界的缩影。他们的问题、探索、恐惧或冒险感在表演世界中得以显露。

故事说演使这些想法可以被所有的儿童分享、借用、运用和修改。作为一名观众，作为共同体的成员，他们聚集在一起，学习每个人的故事，借鉴别人的想法并添加自己的想法，分享表演的方法，描绘故事中的角色，并发展每间教室里的独特叙事。

我们依赖故事，就像我们依赖空气、水、睡眠和食物一样……故事引发了持续几代人的世仇……它们改变了社会和文化态度、信仰和价值观，以及受影响的公众舆论……它们已经并将继续改变世界——定义我们的世界。故事可以成为惊人的力量——可怕的力量。

（黑文，2007）

然而，我们常常把故事视为理所当然。

讲故事是人类出于本能去做的事情。

（黑文，2007）

# 第六章

## 我们也许不愿意听到的故事

### ——枪、超级英雄和禁忌

这是在战争中的坦克,然后是火炮。

一名军人射杀了坏人的队伍。

当然,灰色那队就是坏的。

一艘军艇来了,他带着一把枪,因为它是放在快艇上的。

军队的"支奴干"①来了,向坏人开枪。

(萨姆,4岁)

萨姆住在肯特。像他班上的许多孩子一样,他的父亲在军队里。为了与父亲保持精神上的联系,萨姆编造了关于战争、坦克和射击的故事。他的家里满是军队的照片。他知道"支奴干"这个词。即使在5岁的时候,他也能画出这种双头直升机式样的机器,我需要查阅资料才能理解他在说什么。萨姆的世界和他引用的词汇是建立在军队生活的基础上的。这是萨姆的故事。每当他

---

① 英文为"Chinook",指美国军队的重型运输直升机。——译者注

讲故事时，他的故事都会有轻微的变化，但总是围绕着一个相似的主题。

## 零容忍

我曾与几组教师分享过萨姆的故事，其中一些人对于这种故事能被"允许"表演而感到惊讶。在不能接受枪战的情况下，这样的故事会在记录阶段就被停止。

每当提到对枪支或超级英雄的扮演实施零容忍时，我都会问自己以下问题。假设萨姆已经被告知他不能讲战争故事但他又讲了，该怎么办？如果他的教室里禁止使用"枪支"这样的词汇但他又使用了，该怎么办？对于他进行假装游戏的形式，教师给出一纸禁令，真的可以帮助他在课堂上找到属于自己的安全方法，以表达他在学校外的真实生活感受吗？

我之所以会问这些问题，是因为我知道在多年前，当我儿子很小的时候，我也许会讨厌萨姆的故事。如果当时我在实践故事说演法，我甚至可能会禁止出现这样的故事。现在，我对这个事实感到尴尬。

20世纪90年代初，作为一名男孩的单身母亲，我觉得保护我的儿子不成为"暴力男"是我的职责。20世纪80年代，我住在格林汉姆平民妇女和平营（Greenham Common Women's Peace Camp），积极参与妇女运动。我对和平主义的信仰意味着我花了几小时为儿子寻找形状不像枪支的水枪。我在慈善商店里寻找恐

## 第六章 我们也许不愿意听到的故事——枪、超级英雄和禁忌

龙或海豚形状的玩具手枪,这些都是为了避免购买我儿子心仪的泵动式玩具手枪。

有一天,我看到他把我给他的一根跳绳的两端剪掉,把跳绳变成了印第安纳·琼斯(Indiana Jones)[①]的鞭子。我发现自己在精神上试图在二者之间找到妥协,其一是基于冒险英雄的可接受的男性幻想游戏行为,其二是与军事过于接近的不可接受的男性幻想游戏行为。我开始为自己的决定辩护:琼斯需要一把枪,因为他是一名探险家,他的活动可能很危险;而如果我儿子假装自己在军队里,那么这将是一种不同类型的攻击。我试图找到一种方法来理解和接受我儿子喜欢玩这种游戏的事实,并且在其与我早年间参与和平运动的政治讨论之间获得心理平衡。

幸运的是,在我遭受更大的精神煎熬之前,我阅读了彭妮·霍兰(Penny Holland)的书——《我们不玩枪》(*We Don't Play with Guns Here*, 2003)。在这本书中,霍兰审视了在20世纪70年代和80年代建立起来的零容忍文化,这种文化至今仍存在于英国和美国的许多环境中。

首先,她开始寻找零容忍何时变得普遍的证据。有趣的是,她找不到任何关于禁止在儿童环境中使用枪支或战争玩具的书面命令。尽管根据与她交谈的每个人的说法,人们一致认为零容忍

---

[①] 是一个虚构的人物,是《夺宝奇兵》(*Raiders of the Lost Ark*)系列电影的主角,挥舞鞭子是他的经典动作。——译者注

是地方当局的政策。

接下来,她从现已解散的内伦敦教育局(Inner London Education Authority)的前雇员那里了解到,在他们的记忆里不存在相关的书面政策,但当时确实存在一种普遍的感觉,即这种类型的游戏不应该被鼓励。

最后,通过对在幼儿园里工作超过26年的从业者进行访谈,她发现,零容忍通常是一条不成文的规则。她认为这与个人的感情有关,而不是与这一领域的教育政策有关。

> 女权主义者根据经验证据,提出了一些关于男性暴力的原因和影响的假设。暴力不是理论上的经验,需要立即采取行动进行螺旋式干预,这比获得具有因果关系的科学证据更为重要。儿童游戏中的性别歧视被认为是女性可以控制的领域。
>
> (霍兰,2003)

霍兰研究了萨顿·史密斯(Sutton Smith,1988)的调查研究,这些研究探索了枪支游戏与后续的男性暴力之间的联系,他发现没有证据可以确定二者的关系。在这一领域内没有纵向研究,霍兰考察的短期研究要么否定了由于接触战争玩具而导致攻击性游戏增加,要么存在缺陷,因为他们无法区分战斗性游戏和真正的攻击,或者儿童在玩这些玩具时感受到的新奇因素。

第六章 我们也许不愿意听到的故事——枪、超级英雄和禁忌

## 当枪支游戏被禁止

戴安娜·里奇（Diane Rich）在《早期教育》（*Early Education*）杂志上发表的文章——《砰，砰！枪支游戏和为什么儿童需要它》（*Bang, Bang! Gun Play and Why Children Need It*，2003）中，总结了她听到的在学校里强调零容忍原则的一些原因。

- 枪是错的。枪杀人。杀人是不对的。
- 宣传任何可能伤害他人的东西，在道德上都是错误的。
- 枪支意味着暴力和侵略。如果我们允许儿童玩枪类玩具，那么他们会变得更具攻击性。
- 父母不喜欢枪。
- 其他的儿童会不高兴。

她收集的原因清单很长，尽管她补充说，每当她与教师谈论这个问题时，通常以"但他们无论如何都会这样做"作为结尾。

我曾在许多奉行零容忍原则的环境中工作过，我目睹过男孩制造乐高玩具枪，然后在被问及时，就假装说它们是吹风机或手机。有趣的是，禁止在儿童游戏中出现枪支，反而产生了更具破坏性的后果——纵容谎言的产生，尤其是男孩的谎言。

另一个危险是，特别是对于像萨姆这样的孩子，或者那些被允许在家里玩枪类玩具或超级英雄游戏的孩子，又或者那些家长是射击俱乐部成员的孩子来说，学校变成了一个与他们的校外生活经历格格不入的地方。

霍兰还探讨了禁止这种类型的游戏如何影响环境中的女孩。她观察到，女孩经常因为参与绘画、玩洋娃娃等安静的活动而受到表扬，男孩更容易因身体活动和四处奔跑而被指责。女孩们看着男孩们被指责，决定不再尝试更多的体育活动。有些环境不鼓励女孩开展身体运动，因为她们的安静游戏给教师带来的问题较少。霍兰认为，通过实行零容忍原则，我们将继续强化女性扮演不主动、不活跃的角色。

令我惊讶的是，在没有任何科学证据证明枪支游戏具有破坏性的情况下，个人偏好已经缓慢地影响着早期教育环境中的男孩和女孩的幻想游戏。

我从自己的养育经验中知道，我的个人想法让我质疑和分析我儿子接触的玩具和他收看的节目。我还面临着内心的矛盾，这个矛盾来源于他如何与同龄男孩相处，以及我观察他从超级英雄和枪支故事中获得乐趣时的复杂情绪。我曾与许多教师交谈过，他们感受到了这种冲突，对包含战斗的幻想游戏的支持与我们自身对武器的感觉之间，往往存在着一种令人不安的关系。

人们倾向于将儿童的嘈杂、重复的幻想视为非教育性的，但直升机、小猫、超级英雄斗篷和芭比娃娃，是讲故事的辅助工具和对话工具。如果没有它们，儿童听和谈论的范围会被成人的观点任意限制。

（佩利，1990）

第六章 我们也许不愿意听到的故事——枪、超级英雄和禁忌

## 舞台上的打斗

支持儿童的表演包含打斗的故事可能很困难,特别是当我们习惯于在早期教育环境中不允许这种情况发生时。

我处理这种情况的方式是,对孩子们说:当我们的故事中有打斗场面时,重要的是彼此的身体不能互相接触,以避免任何人受伤。这是在舞台上打斗的原则,也是演员们表演打斗的方式。

我见过孩子们用这个规则表演令人难以置信的舞蹈般的搏斗场景,他们动作缓慢,避免相互碰撞。我也看到孩子们继续在舞台外的地方,使用这种温和的打斗方式,养成彼此不接触的习惯,并享受这些动作提供的可控感和规则感。

有一位教师曾对她所执教的儿童在游戏中打斗的程度感到焦虑,她向我们报告说,在几个星期定期开展故事说演活动后,她在无意中听到了两个孩子的谈话。一个男孩对另一个男孩说,如果他们正在玩的游戏中有打斗,那么他们不能碰到对方。故事表演让我们能够帮助儿童学会如何在不受伤的情况下玩耍,学习踢而不碰、跌而不伤的舞台规则。

## 不再"假装"时

正如我在第一章中提到的,当我和一群孩子一起工作时,我经常使用的一个词是"假装"。

"假装你们在打斗,不要互相触碰。"

当我在南非小镇的一所学校里工作时,孩子们把科萨语(Xhosa)①作为他们的第一语言。他们刚开始学习英语,我努力让他们理解我说的话。

如果故事里提到,三只狮子和三只老虎相遇了,狮子想吃掉老虎,但此时你面对的孩子不懂"假装"这个词的英文,你该怎么办?

我看着三对孩子脑袋顶着脑袋,身体锁在一起,互相推挤,而脑袋下的脸露出咆哮时的样子。有时狮子更强壮,老虎向后移动,有时老虎更强壮,但没有人受伤。这是游戏,孩子们很安全,尽管曾在一段时间里,我很担心他们。

在课程期间,同样的问题再次出现。"假装蜘蛛正在爬树……",通常"假装"这个词足以让一个5岁的孩子模仿蜘蛛的动作,但这对9岁的孩子来说是行不通的。我找不到英语课程中"假装"所对应的词,我也不知道这个词用科萨语怎么说。

这时,一个男孩扮演了一只蜘蛛,悬挂在另一个扮演树的男孩的肩膀上。这一切发生得太快了,以至于我来不及注意他们的动作,来不及由于担心他们会受伤先叫"暂停",来不及与全班一起制定游戏规则,这一切已经发生了。所以当我注意到他们的动作时,它们看起来既美好又安全。我想知道我错过了多少既美

---

① 非洲南部科萨族所使用的语言,也是南非共和国的官方语言之一。——译者注

好又安全的东西,因为我太快地使用了"假装"这个词,或者带着简单的期望,说"温柔"点。

我还有一次经历,在我陆陆续续工作了几个月的教室里,"假装"这个词让我感受到了挫败。在故事表演中,汤姆假扮一只正在爬栅栏的猴子,史蒂维则扮演栅栏的角色。我让汤姆"假装"往上爬,然后我看着他抬起第一条腿。他全神贯注于自己的角色,在我意识到将要发生什么之前,他也举起了第二条腿。他是如此投入,以至于有一瞬间我甚至以为他会停留在空中,但当然重力占了上风,他和史蒂维优雅地倒在地上,然后笑了起来。

当时,我记得两个男孩摔倒时的轻松让我感到惊讶,这再次让我质疑我为保持安全而感到的焦虑,其实孩子们在玩耍和摔倒时有很多技巧,并且不会受伤。当然,有时孩子确实会受伤,而我们想保护他们不受伤害,但这些时刻提醒我,我不能太快施以援手,尤其是在孩子们最熟悉的打闹游戏中。

### 数到"20"就死掉

佩利最常被问到的问题是:如何处理儿童故事中的暴力?

2012年9月,波士顿公立学校的教师向她提出了这个问题,她与他们分享了几年前她在巴尔的摩市的经历以作为回应,那里普遍对枪支游戏是零容忍的。佩利在150名当地教师面前带领一群孩子开展故事说演活动,发生了下面的情况:

一个高个子、看起来非常成熟的孩子，马上就意识到我不知道零容忍原则，所以他给我讲了一个非常短的故事——好人杀了坏人，坏人死了。我可以听到他的呼吸声。"砰砰，砰砰。"他补充道。如果可能的话，我相信客人不应该做任何让主人难堪的事，那么谁是我的主人呢？是孩子们，而不是其他客人，是孩子们……所以我知道这个男孩的故事必须被表演出来，否则将很尴尬。讲故事不是为了让人难堪，而是为了证实我们将找到一种方法来讲述每个人的故事。

（李，2011）

佩利问男孩想扮演哪个角色。他回答说"坏人"。佩利让他知道这样也不错，并补充道，"但请听舞台指示：坏人可以在数到'10'或数到'20'时死掉"。

然后她告诉男孩，每一次计数时，他都需要走得更远，直到他躺在地上死去。在最后一次计数之前，他不能停下来。

男孩选择了在20秒后死去。

"我要告诉你，纽约芭蕾舞剧院里没有人比他做得更好。"

成年观众对男孩做动作时的控制力和美感感到惊讶。他慢慢地向地面移动，这种动作让他们感觉更像是一种舞蹈，而不是他们认为不可接受的东西。

第六章 我们也许不愿意听到的故事——枪、超级英雄和禁忌

## 解决问题

儿童在舞台上假装打斗会让我们感到焦虑的一个原因与安全性和确保没有人受伤有关。当我有这样的感觉时，我会尝试把这种经历当成解决课堂问题的机会，进而发现我们如何保持安全并拥有乐趣。

在我工作过的一个场景中，一群男孩在讲述关于足球的故事。这些故事通常涉及一个男孩把球踢给另一个男孩，然后另一个男孩把球踢给其他人。为了最终进球，朋友之间不断传球。

在这些故事第一次出现的那天，我带着班上不同男孩讲述的六个版本的故事来到了故事表演舞台。当读第一个故事时，我就意识到今天的活动开展起来将困难重重。当安德鲁传球给莱顿时，扮演安德鲁的男孩踢得很高，我害怕其他孩子会受伤。随着故事的发展，到了最后，所有的孩子都在尽可能地踢得很高，我变得紧张起来。

因为还有五个类似的故事，所以我不得不告诉孩子们我的焦虑。我赞扬了他们的表现，他们在表演中很好地控制了自己的动作，从而没有人受到伤害。我也告诉他们，我还有其他的足球故事，但在我们的小舞台上踢球很危险，我们无法扩大舞台的大小，我不知道该怎么办。我向全班征求建议。

一个孩子提出了一条规则——把脚踢得尽可能低一点。其他人都同意了，我们开始尝试。我开始读第二个故事，当读到传球时，一个孩子再次把脚举到空中，差点碰到了他的一个同伴。在

故事的结尾，我继续向全班寻求帮助，因为"把脚踢得尽可能低一点"的想法不起作用。

这一次，一个孩子建议只在舞台的一角做踢球的动作。这样做效果好一点，但每个故事中的孩子太多，得让所有的参与者都完全安全。最后，小组决定，只有四个孩子可以参与一个足球故事，他们每个人都必须跑到舞台的一个角落，每当比赛中出现传球时，他们都必须踢向空中。令人惊讶的是，这起作用了。有一段时间，我和学生都很喜欢这个奇怪的规则，它完全是来自孩子们的解决方案，解决了如何让表演确保安全的问题。

## 数千人用故事表演为 5 岁男孩圆梦

2013 年 11 月 15 日，当我在纽约工作时，我在新闻中听到一个 5 岁男孩的故事，他患了癌症，正在康复。许愿基金会（Make-a-Wish Foundation）呼吁志愿者将旧金山改造成哥谭市一天，这样这个男孩就可以实现他成为蝙蝠侠的梦想。成千上万的人自告奋勇地提供帮助，在这一天，这个穿着超级英雄服装的男孩有机会与小丑战斗，营救吉祥物，并获得通往城市的钥匙。

我记得当时我在想，一座城市的人能联合起来融入一个 5 岁孩子的超级英雄幻想游戏是多么不可思议。这个男孩想成为蝙蝠侠的愿望是多么强大，触动了许多人的心，触及了我们内心深处的需求。我们需要玩游戏，表演我们的故事，让自己沉浸在一个可以与怪物战斗并获胜的世界中。

## 第六章 我们也许不愿意听到的故事——枪、超级英雄和禁忌

在听新闻的时候，我想起了前一天的一次谈话。在那次谈话中，一位幼儿教师告诉我，超级英雄剧被禁止在他的园所中出现和表演。他说，这些男孩们产生的幻想不断遭受指责，对此他深感忧虑。我也表达了相同的担忧，我们谈到了孩子们面对怪物的重要性。我还谈到了在故事说演中，与全班一起分享关于坏人和好人的故事表演，其实是创造了一种机会，让孩子们可以研究和讨论这给他们带来的感受。然后，我们谈到了如果让所有的孩子都参与故事说演，但我们规定他们可以讲的故事类型，那么这实现起来有多困难。直升机故事的最大好处是，我们能够发现对每个孩子来说真正重要的是什么。

当我看到上文中提到的新闻时，我想这个男孩在一个禁止超级英雄表演的环境中一定会非常不开心。我想知道，他的学校是否会允许这个与癌症做斗争的男孩在哥谭市取得成功。不管如何，这个男孩的蝙蝠侠幻想激发了整个城市的活力，每个人都想加入游戏。

当7000人自愿参加男孩的超级英雄游戏时，这无疑证明了我们对生活中无限幻想的价值有直观的理解。

## 看之场所

"戏剧"一词源于希腊，意思是看之场所。它是人们了解生活和社会状况真相的地方。

（斯特拉·阿德勒）

前几天我看到了这两句话，我非常激动。我喜欢将剧院视作"看之场所"的想法。当我们给孩子们在课堂上分享故事的机会时，我开始将这两句话与孩子们向我们展示的"看之场所"联系起来。

无论是幻想游戏中的儿童戏剧，还是排练室中的成人戏剧，当它发挥作用时，我们发现自己正在利用一种强大的力量。对儿童而言，我们称之为深度游戏。对成年人而言，我们称之为一日工作坊。当回到家后，我们依然激动不已，眼睛里闪烁着光彩，这很难向不在现场的任何人解释。我们知道自己投入了某一种事情之中。

剧院是一个我们可以挖掘真相、提出问题并寻找答案的地方。当我们与观众分享故事时，我们邀请他们进入我们的视野，让他们有机会通过我们的眼睛看到世界。我们在地板上标记好一个舞台，即我们在教室里搭建了一个"看之场所"，为孩子们的世界打开了一扇大门，给予他们分享智慧的机会。

2014年，我有幸在墨尔本与一群五六岁儿童一起工作。我在一年级的教室里开展了故事说演活动。5岁的曼尼什在舞台上讲述了他的故事，当他说话时，围坐的孩子们微笑着屏住呼吸，充满了期待。

从前，狮子有一座存放了很多食物的房子。然后猪穿过丛林，看到了房子。然后他按了门铃，走进了房子。然后狮子让他进来了。然后他问他能不能弄点吃的。他拿到食物后，他们成了朋友。

## 第六章 我们也许不愿意听到的故事——枪、超级英雄和禁忌

当曼尼什谈到猪穿过丛林的部分时，大家笑出声来。我问其中一个孩子为什么笑。我想确保我身旁的男孩知道，笑声是与他分享快乐的，而不是针对他的。

一个女孩看着我说："这只猪刚刚穿过丛林，他一定会被吃掉的。"

曼尼什继续讲述，讲到猪走近狮子的家，按响了门铃，此时教室里充满了紧张感。整个班级的孩子都猜测即将发生流血事件。当狮子让猪走进他的房子时，一个男孩甚至闭上了眼睛，把脸扭成一团。

"他要死了。"一个女孩小声说道。

曼尼什在笑声中完成了他的故事。为了不面对残暴的场景，他选择在不太可能成为朋友的狮子和猪之间创造一种友谊，而不是打斗，听故事的孩子们松了一口气。

我坐在教室前排的"看之场所"，我带着自己对儿童所分享内容的感受离开了教室，并对他们的幽默及其对友谊的探究有了更深的理解。如果我改天能再来，也许我会对他们的世界再多一份了解。在这个世界里，两种不应该互相喜欢的动物有机会成为朋友。

当我回首那天早晨，想到世界上依然存在那么多的战争时，我反思在曼尼什的故事里是否有某种信息。在他的故事里，狮和猪能走进彼此的领地并成为朋友，我反思他在"看之场所"与我分享的这一愿景是否有可能成为现实。

### 理解世界

除了超级英雄和动物冒险的故事，有时儿童会分享来自现实情境的故事，其中有来自家庭生活的故事，有来自电视媒体的故事。讲故事是试图理解这些事件的强有力方式，而将它们表演出来可以成为一种宣泄的体验。

波尔州立大学（Ball State University）的儿童保育中心主任丽萨·马特洛克（Resa Matlock）给我讲了一个故事。她讲述了自己第一次将故事说演融入工作时，遇到的一个名叫安东尼的孩子的故事。

安东尼口述了他的故事："我的小妹妹死于SIDS[①]。这个词的拼写为S-I-D-S。"

我仍然记得，在这么多年后，当丽萨向我提及这个男孩时，她告诉我，她依然非常不确定让全班表演这个真实的故事是否正确。当时，丽萨在征求了同事的意见后，决定试一试，看看会发生什么。

随着故事表演的开始，孩子们扮演了各种家庭角色。安东尼扮演自己。在故事进行的过程中，他补充了一些母亲在白天说的话，另一个女孩弹钢琴，还有一个女孩在唱歌。一个孩子走上前

---

① 英文全称为"sudden infant death syndrome"，指婴儿猝死综合征。——译者注

第六章 我们也许不愿意听到的故事——枪、超级英雄和禁忌

说了几句话。坐在舞台边的丽萨和她的同事,看到这些孩子对彼此产生影响的事实,他们对孩子们显露出的同理心感到惊讶。

几周后,在一次学校活动中,安东尼的母亲向教师团队表达了感谢,证实了他们所目睹的戏剧的价值。

"你们不知道这有多大帮助,"她说,"他一直想谈这件事。"

在故事和幻想游戏中,表演为儿童提供了一种尝试领会未被逻辑理解的事物的方法。当他们把这些事情表演出来或看着其他人表演时,他们有机会探索人类的各种情感。我们能够与演员产生联结,并对他们的故事产生共鸣,这与在剧院或电影院中发生的情况没有什么不同。我们在课堂上表演的故事直接来自儿童,除此之外,我们还有什么更好的方式来了解他们正在遭遇什么吗?我们还有什么更好的方式能让他们利用戏剧来理解自己的世界吗?

## 9/11

2002年9月的一天,就在"9·11"事件发生一年后,学前班里的一个孩子给我讲了一个故事。这是我前一年接触过的一个男孩,他知道直升机故事。

从前,有一架飞机,它撞到一座建筑上,然后爆炸。所有人都受伤了。他们要死了。然后消防员来了,然后消防员把火扑灭了。

这个故事很吓人。表演时，孩子们全神贯注。我有一种没体验过的不确定感。我们可以处理好5岁儿童提出的重要议题吗？但我信任这个孩子。他想扮演飞机。我担心这会冲淡了故事的主题，但我凭直觉行事，让他为表演定下基调。

在我们表演之前，我问他想如何展示这座建筑。他非常清楚地指着舞台上的一个地方，明确那是大楼所在的地方。他不需要其他孩子来扮演这座建筑。表演开始了。

男孩假扮的飞机飞到了现场，然后轻轻地倒在地板上，蜷缩成一个球。我让5个孩子去扮演受伤的人。他们非常认真地扮演角色，当我读到"他们要死了"时，他们都静静地躺在地板上。

教室里一片寂静，所有的教师和儿童都参与了这场表演。然后我又让另外的5个孩子当消防员。他们站起来，走到同伴扮演的尸体中间，认真地拿着想象中的水龙带灭火。我们都在震惊地默默观看。这是最接近让我流泪的故事，我们所有人（从最年幼的到最年长的）都被感动了。

我们鼓掌致谢，演员离开舞台，然后有一段时间我们在安静地反思。片刻后，几乎每个孩子都看着我说："我们能再表演一次吗？"

我很惊讶，不知道该怎么做，所以我简单地说："我很好奇你们为什么想再表演那个故事？"一个女孩坐在我的旁边，抬起头说："因为这真的很有趣。"所以我们又表演了一次，因为在我感到困惑的地方，孩子们是对的。他们知道我们一起发掘出了一

第六章 我们也许不愿意听到的故事——枪、超级英雄和禁忌

些非常强大的东西,这是一些学校和成年人不常让儿童发掘的东西,这是一种探索我们的恐惧和不理解事物的方式,这是一些成年人常常试图避免让儿童参与讨论的思想。

**表达恐惧**

前文提到的两种类型的故事很少出现,当它们出现时,每种情况都需要单独考虑。我从来没有听过披露型故事(Disclosure Stories),尽管我被问了很多关于它们是否被讲述的问题。有时我听到故事中的隐喻,促使我向教师询问关于儿童的事。"爸爸是怪物"可以是关于父亲和他的孩子玩怪物游戏的故事,也可以是关于残忍的父亲的故事。了解你班上的孩子会让你对这些隐喻有所了解,但重要的是不要寻找那些不存在的东西。

讲故事是孩子们表达恐惧的方式。有一个女孩在6周的时间里每次都讲同样的故事,这是一个关于迷路和爸爸找到她的故事。她总是扮演她的爸爸,而故事中的女孩总会在不同的地方——森林、超市、街道——迷路。后来,教师和女孩的家长进行了交流,结果发现女孩曾和爸爸在超市里走散过。这个故事是她审视迷路的一种方式,这是一个她需要在找到自己的解决方案之前不断上演的故事。她从不扮演自己的角色,虽然她熟知这个角色。她想了解的是作为寻找者的感觉。在她的表演中,她总是看起来很担心,并清楚地表现出"看而不找"的行为。也许这是她从与父母的对话中创造出来的画面。

在儿童所述的故事中，有时出现的情节会涉及便溺。同样，这些都很罕见，但当它们出现时，我倾向于把它们写下来。在表演的过程中，我会略读一下。"狗拉了屎，然后在花园里散步。"在表演期间，我会询问狗在花园里散步是什么样子，但我从来没有询问过狗拉屎的样子。

当然，如果你经常使用故事说演法，那么儿童生活中的事情会不时出现。故事说演让儿童能够表达自己的想法、担忧、笑点和问题，也为教师提供了一种发现儿童思考的方式，所以我们有什么理由要审查或删减它呢？

我认为戏剧是所有艺术形式中最伟大的，是一个人与另一个人分享人生意义的最直接方式。

（桑顿·怀尔德）

在故事说演的过程中，还有什么更好的方式能让儿童探索和分享他们对人类的理解？还有什么更好的窗口能像"看之场所"一样让你看到儿童的世界？

# 第七章

## 直面怪物

### ——在安全的空间里解决问题

从前有一个人,他的名字叫超人。
一天,他正要飞回家,听到有人说:
"救救我,救救我。"然后他就飞回来,
到了说"救救我"的人身旁。他与恶龙搏斗,
因为恶龙伤害了人的感情。

(乔纳森,5岁)

故事能将我们与角色的情感联系起来,同时使我们与周边环境暂时分离。善必胜恶的信念,可以帮助我们面对生活中的困难或不公。隐喻使我们能够安全地探讨这些问题。对一个5岁儿童来说,学会如何与龙作战,比面对一个巨大而可怕的世界要容易得多。

乔纳森的故事表明,他明白伤害有很多种。通过成为拯救求救者的超级英雄,他承担了支持者的角色。但这不是一条喷火龙,这是最糟糕的龙,因为它伤害了人的感情,它攻击受害者的核心

部位。通过这个故事,乔纳森分享了他对这种不同的痛苦的认识。"因为恶龙伤害了人的感情"是一个强烈的隐喻,是儿童用来解释内心灼烧般疼痛的方式。

鼓励我们使用故事说演法的动力在于,我们能够以此支持儿童发展他们在隐喻中思考的能力。如果我们可以用这种方法来解决问题,或者从不同的角度审视情境,那么它将成为一个有用的工具。

在教室里,伊丝拉看到了将儿童关于故事的知识结合起来的潜力,他们能够将这些困难时刻转化为集体寻找解决方案的机会。

**睡觉的狗和公鸡**

杰克3岁了。他刚进入幼儿园,面临全新的环境。杰克的老师告诉我们,他"正在努力适应幼儿园的规则"。老师吐露说,杰克让他们感到棘手,我们需要小心,因为他倾向于只顾自己。

当伊丝拉介绍直升机故事时,杰克开始哭。当她问他原因时,他说他想讲一个故事。她很关注杰克的感受,耐心地先停止记录另一个孩子的故事,问他是否可以等一下,下一个就轮到他讲故事了。

他点了点头,我注意到他的老师正瞪着他。伊丝拉邀请杰克讲他的故事,他满面笑容地跳到她面前。故事讲述的是一只小狗在躺下睡觉前四处乱跑,对每个人狂吠。有趣的是,这个男孩在舞台上对其他孩子狂叫,警告他们不要靠近,但又像小狗一样蹦蹦跳跳。这传递着混杂的信息：离我远点，和我一起玩。作为旁观者，我能感觉到他的挣扎，他试图在这个新的地方安顿下来，但又在与它做斗争，害怕自己会受到伤害。

当杰克以躺下睡觉作为故事的结束时，我们都鼓掌表示感谢。但是杰克没有动。伊丝拉邀请他坐回自己的座位，我们再次鼓掌表示感谢，但杰克还是一动不动。他躺在舞台上，闭着眼睛，假装睡着了。我能通过他脸上的笑容来判断他是在扮演睡着了。伊丝拉祝贺他成功地讲完了故事，并问他是否愿意站起来，回到自己的座位上。杰克依然沉浸在假扮游戏中，我可以看到他的老师看起来很难堪。老师想把他从舞台上抬下来，但我们要求自己处理他的行为，我能感觉到老师不认同我们的做法，所以我们需要迅速行动。在这种情况下，最好的方法是问孩子们我们应该做什么。我总是对他们的回答感到惊讶。

"小狗杰克在舞台上睡着了，我不知道怎么叫醒他。"伊丝拉说。

"也许他需要一个闹钟，"马修说，"叮叮，叮叮，叮叮……"

"也许我们可以把他弄醒。"米娜说。她一边说，一边用手指做挠痒痒的动作。

"或者我们可以假扮一只公鸡，在早上的时候叫醒他。咯咯哒，咯咯哒，咯咯哒。"安德鲁说。

班上的其他孩子也加入了，公鸡的叫声此起彼伏。"醒醒，杰克，咯咯哒。"安德鲁说。他从自己坐着的地方俯身走到舞台上。当小公鸡啼叫时,小狗杰克开始动起来,用四条腿扭动着自己,爬到他在舞台旁的座位上。

公鸡们结束了啼叫,然后和伊丝拉一起鼓掌表示感谢,我们向他们的老师微笑。她点了点头,我和伊丝拉很高兴,后来她说她以前没有使用过这样的处理方式。杰克回到了座位上,并且没有流泪,伊丝拉把问题交给了孩子们,而不是自己去解决。

**弗雷德里克是个强盗**

在佩利的《莫莉三岁了:在幼儿园长大》一书中,她演示了如何将叙事融入课堂。通过这种方式,她能够支持一个名叫弗雷德里克的男孩,他在遵守课堂规则方面有困难。他会从其他孩子那里抓起画笔和橡皮泥,他还会打翻由积木拼成的船,并且大喊大叫。

在3岁的莉比的故事表演中,弗雷德里克扮演父亲,而不是强盗(因为强盗不能在玩具区玩)。受莉比启发,有一天,佩利也用同样的方法,问沮丧的弗雷德里克正在假扮谁。弗雷德里克立刻止住了眼泪。

"你想做坏人,还是好人?"

(佩利,1988)

弗雷德里克想做一个好人,他调整好自己的心情,安静地坐着，看着其他孩子继续玩。后来，在小餐桌上，克里斯托弗问佩利是否还在生弗雷德里克的气，当她说"不"时，他进一步询问。莫莉也加入了谈话：

"因为现在弗雷德里克很好。"
"以前呢？"我问。
"那时因为他是个强盗"。

她知道，弗雷德里克扮演着许多不同的角色。她可以更好地将他的行为解释为一个角色的行为，而不是违反课堂规则。

(佩利，1988)

在佩利的《白人教师》(White Teacher, 2000)一书中，一个名叫西尔维娅的女孩有时在遵守游戏规则方面会遇到一些困难。有一天，她扮演了"坏孩子"的角色，从玩具区的柜子里拿出所有的盘子和罐子，然后把它们扔到地板上。雷娜在扮演母亲的角色时对她大喊大叫，西尔维娅尖叫着回应。艾安娜走了过来，威胁西尔维娅，如果她不收拾盘子，就不要一起玩。西尔维娅想玩，不情愿地开始把盘子和罐子捡起来。鲁茜拯救了这一天的好心情，把西尔维娅的行动变成了一场游戏。

"假装我们刚搬进去……搬家的人把所有的箱子都扔了，现在我们必须把所有的东西都放到架子上。"

……鲁茜拨通了电话:"老板,我们不会给你付钱,因为你们的工作做得实在太糟糕了。"

她挂断电话时,大家都在笑。平衡被重新建立起来。

(佩利,2000)

最近,我收到一位教师的一封电子邮件,她参加了我举办的一次培训课程。她对故事帮助儿童理解他们的选择感到兴奋,并给我发送了以下内容。

有一个小女孩很容易生气,她听了一些故事,编了自己的故事,表演了自己的故事,然后变得非常兴奋。她的一个故事是关于灰姑娘的。在那天的晚些时候,当她生气时,我问她:"灰姑娘会怎么说?"这使她平静下来,并帮助她与另一个孩子交谈!!!

当我们在反应方式或所做之事上做出错误的选择时,有时很难改变它们。故事说演可以帮助我们看到错误并解决它们,而不必感到不舒服。杰克能够像小狗一样醒来,但要想让他自己站起来、回到座位上会很困难。他被困在假装睡着的游戏中,一旦观众鼓掌,但他没有离开舞台,那么对他而言回家的路就关闭了。孩子们通过假扮公鸡,为他提供了一条回家的故事路线。

如果我们能帮助儿童找到为未来的人生旅途中要经历的复

杂情感做好准备的故事,那么我们将为他们提供持续的支持策略。我们不必单独这么做,应倾听孩子们的声音,从群体中寻求智慧。

## 我不知道该怎么办

几年前,我在波士顿的一所学校里与一年级学生开展了一次故事说演导入活动。我首先介绍了一些故事,这些六七岁的孩子对表演的热情给我留下了深刻的印象。我问是否有人愿意给我讲一个故事。洛根举起手,我邀请他坐在我的旁边,这样我就可以写下他的话。

就在洛根快到我的身边时,另一个男孩泰勒跳了起来,冲到我的身边。现在有两个男孩面对着我,急切地想讲述自己的故事。

"我想先讲。"泰勒说。

"老师先叫的我。"洛根回应。

"泰勒,"我说,"我已经告诉洛根,我会先记录他的故事。你可以回到自己的座位上吗?等一下我会听你的故事。"

泰勒看着我,摇了摇头。我又试着跟他说:"泰勒,我很乐意听你讲故事,但我刚刚已经邀请了洛根讲故事。我想知道你是否愿意等一会儿,然后我就可以记录你的故事。"

泰勒又摇了摇头。他几乎拖着脚步走近我,问洛根是否打算讲龙的故事。洛根点点头,泰勒说:"这是我的故事。我想讲它。"

我提醒泰勒,我很乐意等下就立刻听他的故事。我可以从他脸上的表情看出，他哪儿也不想去。他的老师看起来很不自在，我甚至怀疑她是否会把他拖到一边。我们都不想那样。事实上，我更高，可以抱起泰勒并移走他，但这从来不是我的策略。我不得不面对这个问题。然后我想起来，其实我不需要知道答案。这是他们的冲突，应该让他们自己找到解决办法。

带着重新获得的信心，我转向两个男孩说："我不知道该怎么办。洛根先来的，准备讲述他的故事，但泰勒也想讲述自己的故事。我们遇到难题了，我不知道如何解决。你们有什么建议？"

洛根第一个回答："我可以讲故事的一半，然后泰勒可以讲下一半。"

我感谢洛根提出建议，并问泰勒是否同意。他摇了摇头。然后我转向班上的其他学生："我遇到了一点难题，我不知道该怎么办。"我重申了这个问题，并提醒全班学生，洛根提出了解决方案，但泰勒对此并不满意。安杰尔举起了手。

"也许可以洛根说一行，泰勒再说一行，他们可以这样讲故事。"她建议道。

我问泰勒对这个解决方案的想法，他再次摇头。于是我总结了目前课堂上的情况，两个建议是如何提出的，以及我仍然不确定该怎么做，因为没有一个建议能够得到泰勒的认可。由于我不知道如何解决这个问题，我等着看看是否有更多的想法。然后泰勒开口了："我会照他说的去做。"他一边说，一边指向洛根。

泰勒和洛根商量好谁来讲述故事的上一半。他们甚至和我一

## 第七章 直面怪物——在安全的空间里解决问题

起在页面中间画了一条线，这样他们能够知道自己的版块有多少空间。

洛根开始说。

"有两条龙，"洛根看着泰勒补充道，"那是我和你。"

轮到泰勒了，他继续说着这个故事。这是他们经常用来做游戏的故事。他们都知道有哪些角色以及他们居住在哪个世界里。也许是因为他们都非常熟悉这个故事，所以他们感到共同拥有它，泰勒觉得无法允许洛根在没有他的情况下单独讲述它。无论如何，虽然我在这之前和之后都没有遇到类似的事情，但洛根和泰勒的故事将留在我的脑海中。这提醒我，当我停止寻找解决方案，让孩子们自己探索时，最好的事情就会发生。

**我想成为蝙蝠侠**

有一天，在伦敦的一间教室里，我想到发生在波士顿的案例，于是我决定邀请孩子们帮助我解决班上的一个孩子遇到的问题。

达法里很不高兴。他想在达米安的故事中扮演蝙蝠侠，但由于他坐在舞台的另一边，所以无法轮到他。于是他走到老师和助教面前，问他是否可以成为蝙蝠侠，他被告知先回到座位上。我意识到发生了一些事情，达米安站在我的面前，正在与扮演蝙蝠侠的女孩详细地描述蝙蝠侠是如何飞行的。我支持这两个孩子协商角色的行为。

达法里想成为蝙蝠侠的需求被我忽略了，他开始哭泣。我当即停止了我正在做的一切。虽然眼泪可能看起来微不足道，但我坚信，如果一个孩子不快乐，那么我的工作就是倾听，找出他未满足的需求，并支持他找到解决方案。如果我们希望孩子们成长为有情商、有共情力的人，那么我们必须认真对待这些时刻。我经常被告知，一个孩子只是在闹着玩，或者用眼泪来引起注意。当一个孩子伤心得哭了（即使只是"为了引起注意"）时，如果他知道自己会被倾听，那么这会帮助他培养自信，下次做出不同的选择。

暂停表演后，我问达法里怎么了。

"我想成为蝙蝠侠。"他含泪回答。

我提醒达法里，当我们表演时，我们需要按照围着舞台的座位顺序轮流，这样每个人都有机会，而且很快就轮到他了。

"但我想成为蝙蝠侠。"达法里哭着说。

我停了一会儿。这是一个孩子，显然他因为自己不是蝙蝠侠而变得心烦意乱。我该怎么办？我的内心在挣扎，一部分想让他成为蝙蝠侠，另一部分又想让他学会按顺序轮流。我很高兴我能忽略后一部分。

"达法里，"我说，"你现在就要成为蝙蝠侠吗？还是你能等一下，等我们演完其他故事后，我听你说一个关于蝙蝠侠的故事？"

"现在。"达法里低声说。

我转向其他孩子："达法里真的很难过，因为他没有机会在达米安的故事中扮演蝙蝠侠。如果我现在给他当蝙蝠侠的机会，

## 第七章　直面怪物——在安全的空间里解决问题

可以吗？"

孩子们同意了。我认为他们和我一样，需要确保每个人都被倾听。当孩子们知道他们的同伴不开心时，没有人想继续玩。

当我让达法里讲述他的故事时，他说"蝙蝠侠"。这不是一个很长的故事。他通常会讲更长的故事。他只想扮演那个角色。他站在舞台上，我请他向我展示蝙蝠侠是如何行动的。他不慌不忙地飞来飞去，我们都拍手表示感谢，然后他回到了自己的位置。我们则继续讲另一个故事。达法里满足于自己曾是蝙蝠侠，很乐意等待下次再轮到他，并很好地参加了上午的其他活动。其他的孩子看到了这样的结果，都松了一口气，继续着他们的活动，好像什么都没发生过。

后来，这个班的老师和助教在不同的时间跟我交流。他们发现，当我让达法里发言的时候，其他孩子还没有开始说他们想成为蝙蝠侠。他们问：仅仅因为一个孩子哭了就让他当蝙蝠侠，对其他孩子来说是否公平？

我唯一能回答的是，我相信其他孩子是善良的。如果一个孩子想成为蝙蝠侠，甚至为此哭泣，但我都不给他机会的话，那么这会让人感到"不善"，即使这个事情发生得很早。这不正是孩子们玩耍时所进行的谈判吗？如果这导致了一个不太可能的事件，所有的孩子都哭着想成为蝙蝠侠，那么我同样会问他们如何解决这个问题。也许是在下一个故事之前，孩子们都站起来，像蝙蝠侠一样四处奔跑。谁知道呢？事实是，我从来没有发现，我支持某个人的需求会导致其他孩子为了让我支持他们而创造虚假的、未满足的需求。

这些 4 岁的孩子每天都在学习轮流、平等和公平，他们的理解基于周围成年人所做的决定。平等地对待每个人就意味着公平吗？

在那一天，达法里得到了一点额外的奖励，因为那天达法里的需求大了一点。明天，另一个孩子可能需要多一点，也许达法里会记得当他感到悲伤时被倾听的感觉。如果某件事让一个孩子伤心得哭了，那么通过表示同情，我们肯定会支持所有的孩子成长为这个世界迫切需要的有爱心和具备高情商的人。

**今天没有人说"不"**

因为我经常在陌生的教室里上课，所以我总想让教室里的成年人知道，我很乐意管理孩子们。如果成年人能坐在舞台旁支持我就太好了，但不需要他们干预。

当我开始与新一批孩子一起工作时，我做的另一件事是询问每个人能否佩戴书写清晰的姓名标签，以便我在介绍故事说演时可以直接叫他们的名字。在后来的几年里，我对"书写清晰"这个词的认识更加具体，因为有时文字太小，我几乎看不懂。偶尔，当我在一个漂亮的、以儿童为中心的幼儿园里工作时，我会坐在舞台周围，发现工作人员邀请儿童写自己的标签，儿童会呈现出各种各样的早期书写。虽然我喜欢这种做法，但它让我很难知道

## 第七章 直面怪物——在安全的空间里解决问题

我在跟谁说话。

不久前,我合作的一个园所采纳了我的建议,甚至记得给儿童贴上标明第二次参加活动的标签。伊丝拉在一周前介绍了故事说演法,现在我们聚集在舞台周围,表演我们整个上午记录的故事。标签写得很清楚,整齐地贴在孩子们的胸前,所有人都能看到。然后,一个3岁的男孩撕下标签,把它粘在嘴上。事实上,之前有不少于100个孩子做过类似的事情。

但在这一天,发生了一些不同的事情。同我们一起工作的教师、伊丝拉和我决定什么也不说。

另一个男孩也照着做,我们继续进行活动,表演孩子们早些时候说的"个人故事",并没有真正注意到嘴上粘着标签的孩子越来越多。

我撒谎,我们其实注意到了。房间里的所有成年人都注意到了,其中的大多数人可能都焦急地想用手指把它们撕下来。但这一天,出于某种原因,在没有事先讨论的情况下,我们都决定不说"不"。

史蒂文是第一个表演故事的孩子。他坐在伊丝拉面前,准备开始。

一条龙来了,它吃了一根胡萝卜。

龙吃了一个橘子。

一张贴纸牢牢地贴在他的嘴上,赫然地显示着他的名字。当伊丝拉问"我们能看到龙吃胡萝卜吗?"时,他的嘴在贴纸后面咀嚼,而他的手在模仿抓挠的动作。他似乎对贴纸漠不关心,其他的孩子也是如此。这就是史蒂文选择扮演龙的方式,房间里的每个人都接受了。

"孩子们可以把贴纸贴在嘴上"与"孩子们不应该把贴纸贴在嘴上"这两种观点的执方,在那天存在着分歧。双方都尊重对方,也许有人甚至不知道自己属于哪一方。

房间里的成年人都非常了解贴纸制度,他们假装自己是对这种奇怪行为见怪不怪的孩子,没有人说一句话。

在课程结束后,所有的成年人都聚集在一起。教师首先提出的一个问题是:"我们应该把贴纸从孩子的嘴上取下来吗?"然后他们又问:"我们应该为此烦恼吗?"他们还告诉我们,如果我们当时不在那里,也许他们会阻止这种情况的发生。但出于某种原因,这一天我们都决定不说"不"。

嘴巴上的贴纸并没有伤害或困扰孩子们。这并不影响他们参与活动。只有成年人对此稍感焦虑。

我们所有的讨论都让我感到欣喜。我认识到孩子们嘴上的贴纸让我感到不舒服,好像我应该阻止他们或让他们集中注意力。但我知道这是我的问题,而不是孩子们的问题。

后来有一段时间,我想知道为什么在我执教的所有课程中,我都会让孩子们贴上名字标签,但我从来没有像那天那样看到那么多孩子的嘴上贴着标签。后来我明白了。在其他的时间里，孩子们都是不被鼓励这么做的——贴纸被撕下，双手被轻轻地按住，从而阻止他们把贴纸粘在嘴上。我还记得孩子们因为愚蠢而被训斥，在舞台上皱着眉头，微微地摇头。

但在这一天，没有人说"不"。我们允许孩子们玩贴纸游戏，并且没有人受到任何伤害。

## 让他们笑一笑

我收到过一位教师发来的一封电子邮件，她正努力把孩子们讲的故事联系起来。

"让朋友们开怀大笑，已经成为我们幼儿园里一些孩子讲故事的动机。"虽然有时很有趣，但有些"搞笑"故事没有什么意义，而且会产生与滑稽喜剧类似的反应。观众们嘲笑故事的愚蠢和演员们的愚蠢表演。

"把大家聚在一起大笑是很有趣的，为了笑而笑的共同点在孩子们之间培养了一些共同体意识。然而，我发现自己开始质疑这种为了引起观众反应而讲述的故事的价值。"

下面是其中的一个故事的摘录：

……有一个大脸土豆，然后大脸土豆过桥了。桥梁开始断裂。然后是一个不再打架的大脸土豆。

然后有一个怪兽土豆，然后有十个土豆怪兽。

他们倒立着走。然后是一桶装满的水。

然后它倒在了土豆怪兽的脸上。

然后有一个……他说:"不!我再也不会打架了!"

然后是一个充满水的宝宝,他是一只腰蜂。

他真的很大,真的很胖,而且头朝下。

这个故事真的太长了。我的第一个建议是使用 A5 纸进行记录,这样就可以限制故事的长度。

故事的一部分看起来像是孩子一边走一边编的——"然后有一个……他说:'不……'"如果我是故事记录者,我会一直等到他说完整个句子再记录。

我了解到,这个故事的讲述者是双语学习者,他渴望用英语讲故事,并在同龄人面前表演这些故事。教师的诉求是,她希望孩子们讲的故事有更完整的情节和意义,她想知道如何促成这一点。

希望孩子们讲的故事符合成年人对故事的理解并不罕见,我对此深表理解。有时,一个孩子会说一个非常有趣的意象,我想知道得更多,但也许他还没有准备好告诉我,或者还没有完整的故事。我能做的就是热切地看着孩子把故事推进到哪里。

在上文的故事中有一些有趣的画面:"……一个充满水的宝宝,他是一只腰蜂。他真的很大,真的很胖,而且头朝下。"在他讲完故事后,我会让他演示一下腰蜂在倒着时如何行动,或者我会跟他聊一聊腰蜂。这不是为了增加故事的内容,而是为了我自己的理解。我怀疑他口中的腰蜂（Lumbo Bee）是发音错误的大黄蜂（Bumble Bee），进一步的对话可能会揭示出这一点。

我听到过许多教师表达他们的担忧，他们担心一个孩子或一群孩子在表演故事时会变得愚蠢或扮演小丑。当这在某一次课程中发生时，我欣然接受这种愚蠢。如果孩子们开始以闹剧的方式表演或经常跌倒，我会与他们分享闹剧式电影或无意义的押韵，以满足他们的兴趣。

在佩利的教室里，讲故事是课程的核心。在《共读绘本的一年：孩子如何在故事里探索世界》(*The Girl with the Brown Crayon*, 1998) 中，佩利与全班同学分享了李欧·李奥尼（Leo Lionni）[①]的故事。在另一本书中，佩利谈到如何阅读《打火匣》(*The Tinderbox*)[②]。

如果我们创造故事或给孩子们讲经典故事，他们的故事篇目会增加，他们对故事结构的理解会增强，并将这些融入故事说演。如果孩子们喜欢说"胡闹"的语言，那么就在分享这些故事时加入一些押韵或幽默故事。世界上有许多类型的故事，我们向孩子们讲述的故事越多，他们的叙事就会变得越丰富。

---

① 美国儿童文学作家、画家，被誉为"二十世纪的伊索"，开创了一个绘本的新时代，他笔下的故事生动有趣又富含哲理。——译者注

② 丹麦作家安徒生创作的童话，这篇作品发表于1835年，被收录在安徒生的第一部童话集《讲给孩子们听的故事》(*Fairy Tales Told for Children*)里。——译者注

# 第八章

## 嘘，别告诉任何人
### ——这个大秘密

从前有一位女王。

她没有城堡。

然后她看到了一座城堡。

突然，一个外星人来了。

外星人是朋友。他们在玩。

（埃莎，4岁）

我要写的是一个大秘密。当你读到我写的话时，我希望你能理解我在与你分享时所面临的困境。我敢肯定，有些人（不是指你，而是我们教育界的人）可能会获得这些知识，却不当地使用它们。

**下文包含早期警告**

从我第一次推广直升机故事以来，我就意识到这种方法能够鼓励儿童对书写感到兴奋。

在当今社会，儿童什么时候有机会观察书写的过程？随着平板电脑和手机技术的进步，我们拿起笔和纸的可能性越来越小，可能只限于潦草地写一张便条或购物清单。一旦儿童看到有规律的书写，他们就会意识到书写的重要性。这些符号记录了他们的故事。这比教师希望他们写的内容要有趣得多。

对于我曾执教过的很多孩子来说，这种定期观察书写的习惯，鼓励他们拿起纸笔开始写。这通常从一两个孩子开始，他们决定要玩故事游戏。我无意中听到一个孩子问同伴是否想分享一个故事。这有时会流行起来，然后其他人也加入进来，寻找笔和纸，这样他们就可以记录任何与他们交谈的人的话。

还有一些时候，写作仍然是孩子们开始书写的唯一目的，或者他们难以写下去，这成为一种短暂的游戏。但在我推广直升机故事的 20 多年里所发生的事情，已经足够让我知道这是一种被埋没的方法。

那么，既然这种方法可以促进儿童进行早期读写，我为何如此急迫地对后续要讲到的案例发出警告？

在当前的气氛下，尽管所有的证据都很明显，但世界各地的许多政府部门仍然忽视幻想游戏在儿童生活中的价值。

在英国，随着对基线评估（base-line testing）的日益重视，早期教育环境对幼儿的"入学准备"造成的压力，以及将学术技能置于自信、独立性和好奇心之上的氛围，让我担心孩子们参与的与书写有关的项目很容易变成培养其写作的项目，因为教师必须这样做。

书写是故事说演的附属产品，是尊重儿童以自己选择的方式探索世界的结果。我不希望早期写作被视为故事说演的成果。如果儿童因为故事说演而对写作感到兴奋，那就太棒了。如果他们不这样做，那也没关系。儿童仍然在学习写作的路上，页面上的痕迹、空格的位置、文字的书写方向，都是儿童在故事被书写时所观察到的内容，无须被教学。

## 4 岁的康纳

2000 年，在萨瑟克区的一所学校里，我第一次意识到直升机故事能让儿童参与写作。

当康纳的手里拿着一支笔和一张纸走过来时，我正在记录故事。他在我的讲故事名单上，所以我叫住他，问他是否准备好了。

康纳回答说："我不需要跟你说故事，我正在写自己的故事。"

他坐在我的旁边，当我为另一个孩子记录故事时，他高兴地在 A4 纸上写下了一些内容（早期书写）。他的老师站在附近，张开嘴看着我。康纳从来没有靠近书桌。他的老师也从来没有见过他用这样的方式工作。有一段时间，我们都看着他，他全神贯注地创作，完全没有意识到我们投来的目光。他写完就跑了，把纸留在桌子上。直到今天，我仍然保存着它的复印件和康纳的老师写的便笺。

## 那天我没有记录故事

在过去的几年里,我多次看到过刚才提到的情况,我目睹了儿童决定写自己的故事,或者假装成我并给其他同伴记录故事。但在几年前的一天,儿童写作的数量让我颇为惊讶。

我当时在伦敦的陶尔哈姆莱茨区的一所学校里给两个班级上课。当我在一个班上写故事时,4岁的埃莎(她的故事在本章的开篇出现过)问她是否可以表演自己在家里写的故事。我同意了。埃莎在另一个班,所以我告诉她,等我带领完第一个班表演故事后,我会和她一起上课。

半小时后,我走进埃莎所在的教室。她的老师向我打招呼,并困惑地看着我。她手里拿着一沓纸,每张纸上都写着一个孩子的故事,总共有13个故事。老师告诉我,埃莎在和我说话后就回到教室,并告诉大家,我要让她把自己已经写好的故事表演出来。她的一个朋友说,她也想写一个故事来表演,然后一个又一个孩子加入了写故事的行列。这个班级有22个孩子,其中有13个孩子写了自己的故事,期间没有得到教室里的成年人的任何提示。

其中有一个故事是一个刚住院的3岁男孩书写的。因为他坚持要表演,但他的笔迹很难辨认,所以老师要求他说出自己所书写的故事。当他向老师口述时,他指着纸上的某些部分,就像我给孩子们读故事时一样。

## 打字与手写

近年来，关于打字而非手写是否会对故事说演产生影响，存在一些争议。

起初，我对打字持开放态度。我认为，对于年轻教师来说，他们打字的便捷性和儿童在数字时代访问内容的便捷性相互碰撞，可能会产生有趣的结果。我选择在看到真实情况之前不去评判一些东西，我请求一位经常通过打字来记录儿童故事的老师，给我展示她是如何工作的。

当我看着她打字时，我惊讶地发现，说故事的男孩似乎与屏幕上发生的事情非常遥远。只是他说出了自己的话，老师把它们打了出来而已，文字和书写行为之间没有任何联系。当我记录故事时，我会看着孩子，孩子会看着我。而现在，男孩在说话时看着空中。他站在她的面前，她的笔记本电脑"横亘"在他们中间。亲密感对我来说是故事说演的一部分，而现在则是缺失的。

老师已经通过放大字体来让儿童学习识别印刷体，但当我们交谈时，很明显，这一切并没有什么不同。不管字体多大，孩子们在老师打字时都很少看屏幕。

2013年，在帕齐·库珀（Patsy Cooper）、吉莉恩·麦克纳米（Gillian McNamee）、简·卡奇（Jane Katch）和我之间的一系列邮件往来中，我们四个人讨论了这个问题。大家一致认为，手写远比打字有益。帕齐分享了她在休斯敦开展故事说演活动的经验。

我追踪了故事讲述者从 2 岁到能够自己阅读和写作（比如学前班或一年级）的年龄段的发展历程。研究结果告诉我们，幼儿必须以建构主义的方式发现故事被记录下来的过程——从他们的嘴里到故事记录者的头脑，再到笔端，再到纸面上的字词。简言之，形象地说，2 岁的说故事新手在对着空气说故事时，只乐于戏剧性地发现自己的话居然出现在纸面上了。

3 岁时，儿童会告诉你"写下来"，并意识到纸面上发生了一些重要的事情，但此时他们还不知如何掌控。4 岁时，他们的脸会越来越靠近纸面，因为他们会监控你的速度和准确性。我们可能会听到"你明白了吗？""你在哪里写的？""老师，这里有更多的空间"（指着页边）。然而，成熟的故事讲述者会坐下来专心讲述，就像老板对待秘书一样，对自己的想法被记录到纸面上充满信心，并乐于关注故事的细节。

有趣的是，我们从未发现教师坚持只在使用笔记本电脑的情况下才记录故事，试图用印刷体输入儿童所讲述的故事。因此，我们现在不接受没有笔记本电脑就不记录故事的教师参加培训。

（帕齐）

帕齐所阐述的内容让我相信，在这种活动中必须采取手动记录的方式。

在我们的环境中，有很多使用技术的机会，但故事说演并不是其中的一个机会。我听到过几条支持打字的理由，包括对教师来说很方便，可以让他们稍后发表故事或与家长分享故事。但故事说演法强调一种实时体验，是一个说故事和演故事的即时过程。如果家长想看一份复印件，那么我发现使用复印机才是分享手写稿的最简单方式。

只要儿童学会手写，我就相信手写是记录故事的好方式。我们可能都见过儿童学习"写"自己的故事，模仿我们的书写过程，就像特丽莎给我们介绍的那样。我们看到儿童学习他们自己发明的拼写，因为他们迫不及待地想在故事名单上轮到他们。如果我们使用键盘，他们怎么能模仿我们并学会这样做？当然，不时地用打字的方式记录故事可能有一个特殊的原因——也许即将有一个家长之夜，你想在墙上展示故事，让故事看起来更清晰；或者你想把每个孩子最喜欢的故事打印一份副本，将其作为年底的收藏。但是对于日常的故事说演，我们为什么不按照我们希望儿童学习书写的方式来记录故事呢？

（卡奇）

我们知道的所有学习在开始时都是感觉运动——它是物理的，是有形的。当我们掌握它时，它是强大的。为了儿童的手和大脑的发展，我们希望他们的手能够操控铅笔并将手放在纸上。我们希望他们观察故事记录者在纸上写下的每一行字和标记，欣赏它们的物理特性，并且听到教师写字时的每一个声音的回响。

写出一个字母,能够表明一个单词的构成方式,而这是打字不能做到的。

(麦克纳米)

如果我们想让儿童学习书写,那么我们需要为书写过程做出示范。当儿童看到我们为了某个目的而书写时——在纸上记录他们说的话,以便能够支持他们的表演——书写的地位就会提高。如果书写有目的,那么儿童就可能会自己开始尝试,但请记住,这不是直升机故事的目的,而只是一个令人感到快乐的附属产品。

## 4 岁的菲奥娜

在肯特郡的一间教室里,一个 4 岁女孩坐在桌子旁。那天,我的同事伊丝拉正在一个班级里开展故事说演活动,每个人都准备好参加上午的活动。当伊丝拉脱下外套,准备记录第一个故事时,她无意中听到菲奥娜跟一群孩子说话:"今天我要来记录故事。"

一个叫约翰的男孩坐在她的旁边,菲奥娜从桌子的另一边拿来笔和纸,看着他,问道:"你想给我讲个故事吗?"约翰点点头。接下来发生的事被记录在录像里,包括两个孩子当时实际使用的语言和动作。

菲奥娜自信地写下了字母"F"。当她扮演故事记录者的角色时,她也重复了一遍约翰所说的话,为他说的每个单词都写下一个字母"F"。有时,她会写好几个"F"来代表一个单词,从而

## 第八章 嘘，别告诉任何人——这个大秘密

分解到每个音节。当你看到这份故事记录稿时，你很难相信菲奥娜只有4岁。但是这里确实有一名幼儿通过模仿自己看到的成年人的行为，仅仅用一个字母就记录了一个故事。

约翰：有一只小狗的肚子里有一只狼。

（菲奥娜边写边重复他的话，总是用字母"F"来记录，并俯身看着约翰，以确保她正确地理解了他的话。）

菲奥娜：（写）有一只小狗吗？

约翰：肚子里有狼。

菲奥娜：肚子里是狼吗？

约翰：是的。

菲奥娜：（写）肚子里有一只狼……接下来发生了什么？

约翰：狼出来了，他在窗户里撞那只狼。

菲奥娜：狼来了？

约翰：出去。

菲奥娜：（写）还有呢？

约翰：他撞了。

菲奥娜：（写）他呢？

约翰：撞那只狼。

菲奥娜：（写）然后他撞了？

约翰：把狼撞出了窗户。

菲奥娜：（写）狼在窗外。

约翰：狼出生了。

菲奥娜：（写）狼出生了。

约翰：然后他撞碎了狼的一只眼球。

菲奥纳：（写）然后他撞碎了狼的一只眼球。

约翰：然后他猛撞狼的肚子。

菲奥娜：（写）然后他猛撞狼的肚子。

（菲奥娜开始坐立不安，四处看了看，但继续记录。）

约翰：然后他死了。

菲奥纳：（写）然后他死了。（说话的语气就像故事的结尾一样。）

约翰：他出生时死在一棵树上。

菲奥娜：他出生时死在一棵……树上？（菲奥娜在问约翰时变得更加焦躁不安。）

约翰：树。

菲奥娜：（写）树。

约翰：当他出生时，他从树上爬出来，然后撞到了眼球。

菲奥娜：（写）当他出生时，他从树上爬出来……

约翰：他撞到了眼球，撞碎了眼球。

菲奥娜：（写）他撞到了眼球，撞碎了眼球。

约翰：当他离开的时候，他用刀砸它。

菲奥娜：当他离开的时候，他……

约翰：用刀砸它。

## 第八章 嘘，别告诉任何人——这个大秘密

菲奥娜：（写）用刀砸它。

约翰：当他离开的时候，他就出生了。

菲奥娜：我想现在应该结束了。（她亲切地对约翰微笑。）

约翰：好的。

菲奥娜：（写）结束。

表演时间到了，伊丝拉收到一张纸，上面写满了字母"F"。她看不懂，就问菲奥娜是否愿意主导这个表演。在伊丝拉和约翰的帮助下，菲奥娜非常准确地回忆出了这个故事，邀请其他孩子上台扮演各种必要的角色，使故事栩栩如生。

菲奥娜在这么长的一段时间内记录故事的细节和专注令人难以置信，在写完这个故事后，她也能够在没有提示的情况下回忆起几个关键的细节。在录像中，她记录故事的行为持续了将近5分钟。在这段时间里，菲奥娜持续地写下字母"F"来对应约翰所说的每一个单词。她努力理解并记录约翰所说的话。

如果菲奥娜看到的故事是在笔记本电脑上打出来的，她会这样做吗？

如果我们不示范我们所教的，我们就是在教别的东西。

（亚伯拉罕·马斯洛）

我展示的所有例子都证明了，通过观看教师手写故事，儿童

能够学习掌握相关的经验。

我有时会想：随着儿童更多地接触数字技术，我们未来是否会发现"早期输入"？我看过婴儿按压杂志照片的视频，他试图让它以数字化的方式换页。我们不知道日益发展的技术将对幼儿产生什么影响，这只有在 21 世纪不断向前发展时才会被发现。

然而就目前而言，我的经验告诉我，故事说演的潜在益处只在于儿童接触了一种展示书面文字的价值和潜力的方法。如果我们想让儿童书写，那么他们必须看到我们在书写。

但是记住，嘘，不要告诉任何人。

# 第九章

## 她撞到了，她飞起来了，她掉到地上了
### ——是支架，还是示范

从前，有一个公主，她是白雪公主。

灰姑娘是一个正在奔跑的公主。她摔倒了。

她撞到了，她飞起来了，她掉到地上了。砰！

她回家喝了一杯，然后去看了医生。

她有一条项链，然后她摔在上面了。

然后又是砰的一声。

（丽贝卡，4岁）

当儿童向我口述他们的故事时，我会被他们的话语顺序及其对叙事节奏和诗意的影响吸引。上面的故事也不例外。"灰姑娘是一个正在奔跑的公主"这句话为这个故事赋予了分量，如果一个成年人讲类似的故事，这样的情节就不会出现。在标准的英语中，我们会写"灰姑娘公主在跑步"，甚至是"灰姑娘，这位公主，在跑步"。

丽贝卡使用的语序为她的故事赋予了不同寻常的侧重点。在

"灰姑娘是一个正在奔跑的公主"中,她介绍了一位需要奔跑的公主。她的措辞强调了"公主"一词,暗示了跑步行为的基本前提,以及跑步者是皇室成员这一事实。也许在这个王国里不允许公主们跑步,或者她们通常不跑步。丽贝卡让我们相信,一个奔跑的公主是与众不同的。

考虑到奔跑的公主是不常见的,下一句话里的"她摔倒了"也就不足为奇了。这使得丽贝卡能够在描述事件时展示她对故事语言的了解。"她撞到了,她飞起来了,她掉到地上了。砰!",如果这句话出现在儿童绘本上,我们会欣然接受它的作者是成年人。这些话可能是从另一个故事中借用的,但丽贝卡表达这些台词的方式,表明了她对文字游戏的热爱。

**创造单词**

当我记录儿童的故事时,我发现他们有时在不知道正确答案的情况下会自己创造单词,这让我非常高兴。

> 从前,有一个女孩,她结了婚。
> 她和她的结婚对象随着音乐跳舞。
> 然后,在她跳舞的时候,有一只大灰狼偷偷溜了进来。
> 然后他们向后看,然后他们看到了狼,狼把他们吞掉了。
> 然后他们又活了下来。他们回家后,看到了一把破椅子。
> 他们非常喜欢这把破椅子,它变成了碎片。

## 第九章 她撞到了,她飞起来了,她掉到地上了——是支架,还是示范

然后他们坐在新的长沙发上。

(贝萨妮,4 岁)

如果一个烤面包(bake)的人是面包师(baker),而一个教书(teach)的人是教师(teacher),那么你嫁(marry)的人就是你的结婚对象(marrier),这多么有创意和绝对合乎逻辑。

一个女孩和她的结婚对象随着音乐跳舞,是我听过的最浪漫的故事。我发现自己很想和他们一起跳舞。当有一个结婚对象一起跳舞时,谁会在乎到底该如何称呼对方?当然,总有大灰狼悄悄靠近我们,等着把我们吞掉。但作者让我们重新活过来,看着那把我们非常喜欢的破椅子,然后进一步把"破椅子"弄碎,最后我们坐在了新沙发上。

贝萨妮在玩语法游戏。她在 4 岁时已经知道了很多故事和文字游戏。故事说演提供了一个空间,她可以记录自己的故事,无须进行更改。这让她的语句闪耀着光芒。

## 明喻

警察抓住了公主。龙带走了警察。

小镇着火了。

警察和公交车乘客在打架。

警察、公主和乘客的衣服着火了。

每辆警车都着火了。

那一定是龙在喷火，消防车像鱼一样喷水。

（萨约特，3岁）

萨约特的故事以有规律的话语开始。在第五句话中，他加入了"三"的规则（讲故事的原则是，当三个事物一起出现时更令人满意）。我怀疑萨约特研究过这条规则，但我可以说，他已经接触了足够多的故事，使遵守这种规则成为本能。

当我们读到最后一句话时，我们会看到一个比喻——"消防车像鱼一样喷水"。这不是陈词滥调。这不是我见过的一个短语，但用它来描绘消防车朝火喷水的方式很形象。我可以想象到水管，它看起来像一个鱼嘴，水从里面喷涌而出。这可能不是扑灭火灾的最佳方法，但它让我产生合理的想象，并对任务的困难表示理解。

这也让我想知道一个3岁的孩子是如何想象的。是什么样的意象和想法相互碰撞，使他能够轻松地说出这些话？

正是在这些时刻，我窥见了故事的真相，以及我们能够挖掘出超越思维的事物的方式。

**逐字记录背后的动机**

在我开始这一部分之前，如果我不提及记录故事时应该逐字记录，还是更正语法或提示，以提供更多的信息，那将是错误的。在 MakeBelieve Arts 里，在开展故事说演活动时，我们会准确地

第九章 她撞到了，她飞起来了，她掉到地上了——是支架，还是示范

记录儿童的口述。其他开展故事说演的方法有不同的选择。

在帕齐写给我的一封电子邮件中，她总结了这些方法的不同之处。

一些儿童的非标准英语比标准英语更流利。故事记录过程中的一对一形式，允许教师在他们认为合适的时候解决这个问题。和我一起工作的教师通常会从三条路线中选择一条路线。

> 第一条路线是准确地写下儿童说的话。这里的想法是，当儿童准备好时，他们会采用标准的语言。
> 第二条路线是要求儿童注意偏离标准英语的情况，建议使用标准格式，并请求儿童允许教师以这种方式记录故事。有时儿童会允许，有时他们不会。
> 第三条路线是重复儿童说的话，但从非标准英语修改为标准英语，就像许多母亲纠正孩子说话一样。如果儿童不反对，教师会继续用修改后的文字进行记录。

关键是，在这三种情况下，故事记录都为教师提供了一个机会，让儿童了解语法，并了解他们已经知道或准备好知道的东西。对于这个问题，没有唯一的解决方法。

我经常被问及逐字记录的理由。对我来说，我的答案中的很大一部分是在这里概述的，另一部分是我对自己在儿童讲述中听到的诗意语言的欣赏。

一些杂志经常分享儿童的"童言童语",在儿童对这个陌生世界的见解中寻找幽默元素。这些都被视为好玩的事情,但儿童的评论或者非标准的语序其实是非常直观的。我们可以轻易地与"童言童语"产生联结,无疑证明了这是儿童在某种无意识层面上与我们联系的方式。

想象一下,如果儿童能够在学习语法和句子结构时,在语言运用方面保持一定程度的创造性和即兴创作,那么未来的文学世界将多么美妙。

我知道在这个注重考试和结果的时代,很难重视创造力。当英国教育标准局(Office for Standard in Education, OFSTED)[①]进行监管时,如果你一字不差地为孩子们记录,相信他们会找到自己的方法,那么你可能会感到有风险。政府提高教学标准的政策,很容易让我们陷入恐惧,导致我们低估儿童用来学习的适宜工具。

儿童不断提醒我们,游戏仍然是他们最有用的活动。在幼儿园里吓唬他们的不是他们发明的怪物,而是他们被告知要安静地坐着,并长时间地保持专注。

(佩利,2004)

---

① 英国国家教育、儿童服务和技能培训机构的官方监管机构,不隶属于任何学校或教育机构,直接向议会报告。——译者注

# 第九章  她撞到了,她飞起来了,她掉到地上了——是支架,还是示范

我认为"记录故事"是一种创造性活动。我会准确地写下儿童所说的话,并为他们使用字词和语言来表达自己而感到高兴。我也看到了这种方法所隐藏的教学价值。

从了解儿童群体的角度来看,记录他们在特定时刻使用的确切语言是有好处的。如果我标记好所有故事的日期,那就意味着我有了一个可以显示每个孩子或整个班级在更长时间内的发展情况的文档。他们现在选择的主题是否与刚开始时一样呢?他们开始讲更长的故事了吗?他们的故事发生了什么变化?个人故事是否受到课堂主题的影响?我得到了极好的证据,以证明群体内的语言发展,并且能够理解儿童在哪里存在困难。我逐字记录的故事可以为教室里关乎其他领域的工作提供足够多的信息。

## 问题类型

在第三章中,我描述了我写完故事后可能会问的问题,以澄清一些模糊的地方。有多少位公主?当你说"他跑了"时,你的意思是超人跑了,还是坏人跑了?这些是表演方面的问题,有助于我管理舞台表演。它们塑造了我的理解,能够帮助我实现作者的想象。

如果我在记录故事时问这些问题,可能会破坏儿童说故事的连贯性。有时也有例外。如下文的例子所示,儿童想要讲述故事的欲望非常强烈,以至于即使故事的记录者询问了太多问题,儿童也会坚持下去。然而,正如你所看到的,在这个故事的结尾,

这个孩子已经精疲力竭了。

## 被打断的故事讲述

下面的记录真实地描述了一名4岁儿童和教师之间发生的事情。它是我在参观某班级时在现场逐字记录的。

教师：你想给我讲一个故事吗？

儿童：是的，一个姜饼人跑（run）了。

教师：对不起，那是跑（run），还是跑（ran）？

儿童：跑（Run）一个（A）……十字（Cross）。

教师：不，"跨越"（across）是一个词。

儿童：在街上，姜饼人看到一头奶牛，奶牛说……

教师：这里要用引号，奶牛要说话了！

儿童：奶牛说"你能不能别跑了？"，然后他看到了警察（a police）。

教师：一个警察（a police），还是那个警察（the police）？

儿童：一个警察（a police），警察说"我饿了"。他想要（want）……

教师：想要（want），还是想要（wanted）？

儿童：想要（wanted）吃姜饼人。他看到一只狐狸，然后她看到一条河。结束了。

教师：结束了吗？但我们有更多的记录空间。接下来发生了

第九章　她撞到了，她飞起来了，她掉到地上了——是支架，还是示范

什么？

儿童：狐狸说"爬上他的……"。

教师：爬上他的，还是爬上我的？

儿童：爬上我的尾巴。它（It）变得……

教师：它（It），还是它（It's）？

儿童：它（It's）离底部越来越近了。

教师：是他说的，还是狐狸说的？

儿童：姜饼人就是这么说的。于是姜饼人爬（climb）了上去。

教师：爬（climb），还是爬（climbed）？

儿童：爬（climb）到狐狸（fox）背上。

教师：狐狸（fox），还是狐狸的（fox's）？

儿童：狐狸的（fox's）背，然后它越来越近了。

教师：我喜欢你表达的方式。

儿童：狐狸说（say）……

教师：说（say），还是说（said）？

儿童：说（said）"爬到我的鼻子上"。结束。

教师：然后呢？他吃了吗？你想就此结束吗？

儿童：是的（坚定地）。

教师的目标——确保儿童说标准英语——阻碍了她欣赏故事中的诗意。她只是在某一点上说了这句话，这份赞赏早已淹没在其他问题中。

虽然幻想能把儿童的故事推向诗意的高度,超越他平时的水平,并被认为是通往读写的最初途径,但现在有些人认为它是学习的障碍。只有当儿童在游戏里开始阅读、写作和计算时,我们才被允许支持游戏。我们继续称游戏为幼儿的工作,同时将其简化成简短的插曲。

(佩利,2004)

## 语法

正如我们在本书的许多例子中看到的那样,当儿童发展交流技能时,他们经常会产生语法错误。通常他们会在词尾加上额外的"ed"。他们可能正确地使用语法,把"walk"(走路)变成"walked",把"talk"(说话)变成"talked"。但他们也会不正确地使用相同的规则,把"sleep"(睡觉)变成"sleeped",把"creep"(爬行)变成"creeped"[①]。

史蒂芬·平克(Steven Pinker)在《语言本能》(*The Language Instinct*,1994)一书中写道:

孩子们犯的错误很少是随意地乱说话。通常,他们能够很好地遵循语法逻辑,所以问题不在于为什么他们会犯错误,而在于

---

① 正确的变形应该是 slept 和 crept。——译者注

第九章 她撞到了,她飞起来了,她掉到地上了——是支架,还是示范

为什么成年人听起来这些像是错误。

平克认为,遵循这些语法规则是儿童在学习英语中的不规则动词和特殊语法规则前的语言本能。

## 寻找逻辑

在这个例子中,阿雷克仅在几周前才抵达伦敦,但他仍乐于讲述故事。他的第一语言是波兰语,虽然他的英语水平有限,但他试图传达的故事很清楚。

男孩得到了一辆汽车,它跑得很快,它变得很淘气。嘟嘟嘟……

(阿雷克,4岁)

在表演故事的时候,在听到"它变得很淘气"这句话时,一群人发出惊奇的声音,这表明了孩子们与阿雷克使用的语言之间的联系。没有一个孩子说:"这句话是什么意思?'它变得很淘气'是什么样子?我不明白。"孩子们欣然接受了这句话,并和男孩一起在舞台上投入地表演。

我没有能力去"纠正"这些句子。如果我用"汽车跑得很快"取代"它变得很淘气",就会丢掉阿雷克的故事的精髓。我合上记录本,和他展开奇妙的对话——关于淘气的汽车有多快。他向

我展示了这一点,他绕着圈子跑,直到自己滚落在地。

**交谈或朗读**

虽然我逐字记录和朗读孩子们的话,但当我引导表演时,我总是示范正确的语法。

> 有一条龙。然后,龙吃了一只老鼠,龙死了。
> 然后有一个巨人。巨人走进了山洞。
> 这个洞是用石头造的。
>
> (马利卡,4 岁)

在表演的过程中,我原模原样地朗读故事——"龙吃(eat)了一只老鼠"。然后我问演员,我能不能看到龙是怎么吃(ate)老鼠的。同样,当读到"巨人走进了(go'ed)山洞"时,我问:"我能看到巨人进入(going into)山洞吗?"对于"这个洞是用石头造(maked)的"这句话,我读得一清二楚,但在表演过程中,我问我能否看到相关演员如何假装成石头造(made)的山洞。

对我来说,将逐字记录与示范正确的语法结构相结合,是这种方法的重要组成部分,也是我认为这项工作支持语言习得的方式。

正在发展语言的幼儿,用声音、节奏、句法和语法开展游戏,

第九章 她撞到了,她飞起来了,她掉到地上了——是支架,还是示范

直升机故事有效地促进了积极的交叉融合。

(英国开放大学的直升机故事评估报告)

## 支架

"支架"一词是由伍德、布鲁纳和罗斯(Wood, Bruner, & Ross, 1976)首次提出的。他们将支持儿童构建概念或技能的过程比作搭建支撑房屋建造的临时结构。他们的想法基于维果茨基的"专家支持新手"的理念。

在故事说演领域,关于成年人是否应该通过提供支架来支持儿童的学习,以促进其故事的发展,存在着很多争论。支架可能涉及在听写过程中提问,以深入了解故事。它可以包括询问原因或接下来发生了什么,甚至要求儿童提供关于角色或动作的更多信息。

对我来说,在我记录故事时,这种方法并不是我想要的工作方式。我喜欢把故事原封不动地记录下来,把所有的问题和好奇都保存到故事讲完之后。

我很欣赏专家和新手之间的关系,但我想我的第一个问题是:谁是专家?我的第二个问题是:我们寻求在哪些专业领域的发展?搭建支架的目的是帮助儿童进一步发展他们的故事吗?在几周的时间里,我看到很多儿童自发地回归他们的故事,复述和修改故事的某些方面,添加新的细节并形成他们的想法。

当儿童给我讲故事、分享他们的世界时,我盘腿坐在他们的面前,欣然接受我此时此刻作为新手的身份,并乐于学习他们

的智慧。

如果我在教学,"A"代表"Apple"(苹果),"B"代表"Bear"(熊),那么这种关系可能会改变。但对我来说,课堂上的成年人和儿童不断地从专家转变为新手,这使学习成为一项充满活力的终身活动。

在假扮游戏中,语言会更生动和自然,使儿童能够以更流利和更有趣的方式将他们所知道的单词和短语与新思想联系起来。这个过程不仅涉及源源不断的词语和意象,还涉及共同的幻想和隐喻,即知道丢失的婴儿在哪里,以及父亲是否可以像狼一样拥有锋利的牙齿。"B 代表 Bear"会让儿童学会字母"B",这是一件好事,但人们必须知道谁喜欢"做"(be)熊的父亲,以及熊和十只小熊如何渡过毒河。

(佩利,2004)

### 提供说故事的榜样

如果我们想让故事说演在教室里扎根并蓬勃发展,我们还需要以自有的故事或已有的故事来塑造榜样,并邀请儿童表演这些故事。

神经科学告诉我们,如果我们想做某件事,我们需要受到它的情感刺激。根据赫布(Hebb)的说法——"细胞因点亮彼此而彼此连接"。我们的大脑不断接收和处理文字与符号,并存储

## 第九章 她撞到了，她飞起来了，她掉到地上了——是支架，还是示范

对我们来说重要的东西，这些东西在情感层面与我们联系在一起。如果我们的教室里有丰富的故事，既有儿童讲的故事，也有儿童听的故事，那么他们接触的语言就会增加，同时他们对自己使用语言的能力也会更有信心。

儿童接触的故事越多，我们越能培养他们通过故事来理解世界的能力。

雷蒙德·威廉姆斯（Raymond Williams）在《我们的未来》（*All Our Futures*，1999）中，发表了一份来自英国国家创意和素质教育咨询委员会（National Advisory Committee on Creativity and Cultural Education）的报告，"通过艺术进行交流就是以某种形式向他人传达一种体验，即该体验被积极地重新创造，被体验的接受者积极地经历着"。该报告将艺术定义为人类观念和感受的独特表达，"如果我们封闭它，它将永远不会存在"。

报告还强调了人在一个领域的成功如何能够激发自尊，并鼓励其在其他的领域也获得成功。

"爬下楼梯"（creeped downstairs）这个短语来自艾拉。每年都会有一些短语被儿童种下心田并扎根，故事和游戏中不断涌现出新芽……使用公共符号是社会化的具体体现，就像同意分享积木和玩偶一样……"爬下楼梯"是一个文学和文化活动……每个群体都会选择属于自己的文化标签。

（佩利，1990）

要接受和重视儿童所说的话语及其价值，我们才能接近故事讲述者选择展示的"文化标签"。通过这种方式，我们能够见证儿童在幻想游戏中获得的不可思议的学习潜力。

# 第十章

## 持续发展

### ——让故事说演适应新观众

从前有两只青蛙。两只青蛙饿了。

所以他们去寻找食物。他们去了丛林。丛林里有一个黑暗的地方。这时,第一只青蛙进去了,另一只也进去了。

另一只很害怕,因为这里太黑了。他们看到了一串香蕉。他们拿了它,然后回到他们住的地方,与其他青蛙分享香蕉。

(阿亚布雷布,9岁)

在推广直升机故事的这些年里,我发现的最令人兴奋的事情是,我看到了佩利的故事说演法产生的各种衍生方法。本章中列出的一些课程直接源于 MakeBelieve Arts 的项目,其他课程则来自受佩利启发的人,他们找到了让故事说演适应自身工作实际的方法。

### 三年级和五年级,自下而上的学习

我一直相信,当政治观点来自基层,并自下而上地流动时,它才是最有效的。后来我意识到，学习也是如此。

2004 年，我与伊丝拉合作，我们在刘易舍姆区的一所小学，对两个班的学生开展故事说演活动，他们分别是三年级学生和五年级学生。伊丝拉面向三年级学生开展工作，而我面向五年级学生开展工作。

在第一天上午完成故事记录后的茶歇时间，我遇到了伊丝拉，她显得很开心，因为三年级学生说了很多关于龙、怪物和宝石的故事。我嫉妒地看着她。我执教的五年级学生也一直在说故事，但他们的故事缺乏丰富性和想象力。

对于我收集的所有故事，内容上都包含了儿童的姓名，情节上常常是因为踢足球比赛而相遇。他们似乎一般不说在比赛中会发生什么，而是选择说出参与比赛的人的名字。

马克和约翰去了公园，遇到了安德鲁和塞思。然后格雷和艾迪走了过来。接下来是马斯蒂法和贾森，他们带着尼奥和杰克。

在听到六个相似的故事后，我真的感到很沮丧。

我的专业背景告诉我，即兴表演可以让我们学到的一点是，不逃离怪物，而要面对它，因为这是最有趣的事情发生的地方。我记得我想知道这些学生是不是在躲避什么怪物。就好像他们在到达公园后要做的事情比他们的解释更难，所以他们决定聚在一起，但从不参与活动。

## 第十章 持续发展——让故事说演适应新观众

虽然我整个上午都在微笑,但我暗暗感到厌烦,我不知道该如何度过这六个星期。我向伊丝拉吐露了心声,她出了一个绝妙的主意。课间休息后,我借用了她们班的一半学生,她借用了我们班的一半学生。当我们进行活动时,我们都有一组"年轻人"的故事和一组"老年人"的故事。

不可思议的事情发生了。当五年级学生听到三年级学生的故事时,他们坐得更直了。他们感到更自由了,很乐意为年幼观众假装成龙或城堡。到了午餐时间,我对这种转变感到兴奋,伊丝拉的经历也很相似。我们决定继续这样做,看看会发生什么。

在接下来的一周,当我开始记录故事时,五年级学生会问我,他们是否会再次和三年级学生一起表演故事。当我说"是"的时候,他们变得非常兴奋,我注意到他们讲的故事发生了变化。他们开始把上周出现在三年级学生的故事中的巨魔和巨龙纳入自己的故事。他们欣然面对三年级学生的故事中的怪物,与怪物战斗,然后跑回了家。教师们对孩子们的创造力感到不可思议。

在接下来的几周里,我看到了自下而上的学习过程。三年级学生提醒五年级学生如何讲故事,如何进行幻想游戏,以及如何面对他们的怪物。就好像大一点的孩子们已经忘记了他们对故事的直觉。与一群讲故事非常生动的孩子们待在一起,比我鼓励他们让故事更"有趣"要有效得多。在六周的课程结束时,很难说出哪些故事来自哪个年龄段的孩子。所有参与课程的孩子都发展了他们作为故事讲述者的优势,并且因为共享教室建立了共同体意识。

## 二年级的学生自行抄写故事

有一次，伊丝拉面向二年级的一个班开展工作，每周一天，为期一年。她决定将故事说演纳入课程，以支持这些成长中的 7 岁孩子。在发展儿童写作技能的压力下，伊丝拉想知道是否有可能让孩子们写故事。

班上有 24 个孩子，每周有 6 个孩子配对，互相抄写故事。在当天结束时，小组表演这些故事。伊丝拉在最后一节课上为孩子们提供了一些支持，但关键的标准是他们需要能够理解自己的写作，因为他们负责指导表演。

许多学生在读写方面很吃力，但伊丝拉很惊讶的是，当他们写下同伴所说的故事时，他们很容易参与其中。因为故事讲述者不必担心如何拼写，所以语言更丰富，更有想象力。伊丝拉允许孩子们在记录故事时不署名，这使得故事记录者能够尝试拼写他们通常会避免的单词。他们会尝试使用更为复杂的单词，比如"wonderful"（美好），而平时写作时他们往往会使用更简单的"nice"（美好）。

伊丝拉坚信，这项活动的表演环节至关重要。这为二年级学生的写作提供了一个目标，并在一年多的时间里拓展了他们在其他领域的学习。

## 同伴教育

在创办 MakeBelieve Arts 的初期,我花了很多时间介绍直升机故事,并培训从业者如何使用该方法来支持儿童。执教的团队越多,我就越意识到有些人真的很难用这种方法倾听儿童的心声。当儿童花很长时间讲述他们的故事时,一些成年人会失去耐心。其他成年人对经常出现的主题感到厌烦,希望他们的学生不要再讲述关于雷鸟、忍者神龟或其他英雄的故事。有时,看看发生了什么事的好奇心并不存在,这让我产生了一定的思考。

我开始想,如果我把六年级学生训练成幼儿园或学前班的故事记录者,他们会如何做呢?我设法从路易斯安那州资助项目中获得资金,在得到迈亚特花园小学的许可后,我开始与一群六年级学生合作,像支持成年人一样支持他们,使他们能够与更小的孩子一起参与故事说演活动。虽然我在培训六年级学生,但他们也教给我很多东西。

真正让我印象深刻的是,六年级学生在和 3—5 岁幼儿一起工作时有多么从容。他们很乐意等待幼儿讲述他们的故事,给他们所需的空间和时间,而不需要我的任何指导。

我看到一个 11 岁的男孩,他叫纳里姆。他耐心地等了 5 分钟,当时一个 4 岁的孩子坐在那里喝牛奶,不说话。这两个男孩对对方没有任何不耐烦的表现。纳里姆在 4 岁男孩喝完牛奶后,对他笑了笑,再次问他是否准备好讲述自己的故事。我敢肯定,如果是一个成年人在记录故事,他很可能会拿走杯子,鼓励孩子先讲完故事，再喝牛奶。

我注意到的另一件事是，幼儿对年龄较大的孩子同样拥有耐心。当丽贝卡为3岁的杰伊写故事时，她钢笔里的墨水用完了。她急急忙忙地找另一支笔，但那支笔也不管用。最后，她找到了可以用的笔，杰伊继续讲述他的故事，没有注意到等待的时间。

一些六年级学生在读写方面很吃力，但他们喜欢记录故事。他们意识到幼儿看不懂他们写的东西，也没有人对他们的笔迹或拼写做出判断。这让他们感到自由。对年龄较大的孩子来说，关键的好处是他们对写作的信心提高了。他们的老师认为，这证明了故事说演能够给予儿童去写作的目的。

有一名幼儿经常保持沉默，从前一年开始，他从未和任何成年人说话。有一天，我注意到他很高兴地给一个六年级学生讲故事。同样，我观察到有的幼儿在向成年人讲故事时会压低声音，但对大孩子讲故事时声音很大，他们渴望自己的声音被对方听到。

当六年级学生缺乏指导表演的信心时，幼儿园和学前班的孩子似乎对自己的表演更加自信。他们刚好可以互补，年龄较小的孩子能够接受年龄较大的孩子的指令，同时尽最大努力了解他们需要做什么。

通常，与我相比，六年级的孩子会邀请更多的孩子上台。他们没有因混乱而感到困扰。结果，我在一个3岁孩子讲述的故事中目睹了全班都变成了动物。我会多次清理舞台或找到确保秩序的策略。看着六年级的孩子，我意识到他们几乎都在扮演自己的角色，即使周围的人似乎都处于混乱之中。

同伴教育法被我们推广到布罗克利小学，并且取得了巨大的成功。他们在这项工作上投入了三年的时间。最初，我们培训了一组五年级学生，他们在一名助教的支持下，每周花费一个上午的时间来进行故事说演，并持续了一年的时间。

等这些孩子升到六年级后，他们负责培训一组新的五年级学生。五年级学生在接下来的一年里，继续开展故事说演活动。在几乎没有 MakeBelieve Arts 的支持下，学生们将项目持续了三年。后来由于教学改革，课程难以继续，他们才最终停止。在此之前，幼儿园和五年级的教师都认为该方法给孩子们带来了很多好处，发展了他们的读写能力、自信心和讲故事的能力。

## 跨越大洋的讲故事活动

我与美国波士顿的一所学校建立了联系，这所学校里的学生经常开展故事说演活动，我想知道能否通过 Skype[①]，跨越大洋分享故事。

在我对此感兴趣的同时，英国开放大学也开始了对 Make-Believe Arts 直升机故事的评估，因此我们决定在现场观众面前探索跨文化的故事讲述。

---

① 一款即时通信软件，具备视频聊天、多人语音会议、多人聊天、传送文件、文字聊天等功能。——译者注

当天，波士顿学校和塔哈姆雷茨学校的孩子们分别聚集在各自的镜头前。由于时差的关系，他们当地的时间是早上 9 点 30 分，而我们的时间是下午 2 点 30 分。

我们挥手打招呼，英国的孩子们表演了他们中的一个人之前讲过的故事。接下来，美国的孩子们表演了他们的故事。最后，大家表演了一个共同的故事，这个故事由一个伦敦男孩讲述：

从前，有蜘蛛侠和绿巨人，然后超人来了。然后他们发现了一个宝藏。然后他们把它放在蝙蝠洞里，然后超人从蝙蝠洞里拿出宝藏，交给蝙蝠侠。蝙蝠侠把它交给了主人。然后主人把它交给了女王，女王把它放在了储物柜里，这样就没有人能得到它。

英国的孩子们开始表演，扮演蜘蛛侠、绿巨人和超人。他们发现了宝藏，并小心地把它放在蝙蝠洞里。

超人把宝藏从蝙蝠洞里拿出来，把它交给了蝙蝠侠。表演继续，蝙蝠侠由波士顿的一名幼儿来扮演。于是，来自伦敦的一个孩子通过镜头把宝藏交给了身在美国的蝙蝠侠，让他交给主人，再交给女王，然后女王将宝藏存放在储物柜里。扮演蝙蝠侠的孩子把宝藏从大屏幕上拿下来的那一刻真是妙极了。

Skype 故事说演只发生过几次，但它为孩子们在各大洲、各个国家或者在当地的不同学校之间进行故事分享和表演提供了潜在的可能性。

第十章 持续发展——让故事说演适应新观众

**家庭直升机故事**

在 MakeBelieve Arts 中，我们经常针对家长参与儿童活动的重要性进行讨论和交流，尤其是当儿童刚进入幼儿园或学前班时。

2007 年，我们开始与家长小组合作，让他们创造自己的故事，并在儿童面前表演。在分享当天，儿童演示了直升机故事，以便两组都能看到另一组是如何工作的。

2012 年，伊丝拉负责该项目，开创了"家庭直升机故事"（Helicopter at Home）。伊丝拉希望进一步发展这个活动。她制订了一个培训计划，家长需要先在故事说演活动中观察他们的孩子，然后每周参加三次相关的课程，练习使用该方法。

在开展"家庭直升机故事"活动期间，工作坊的导师介绍故事说演对儿童学习的好处。伊丝拉鼓励参加培训的家长在家里记录孩子的故事，并将它们带回小组与大家分享。他们还研究了各种记录方法——使用手机或纸笔，甚至在去学校的路上听孩子讲故事。

通过"家庭直升机故事"，家长们能够记录孩子在成长过程中所讲述的故事。该方法鼓励家长积极参与，并让家庭和学校建立了联系。曾经就有一位家长被这种方法深深吸引和激励，乃至她每个星期都会来到幼儿园，帮其他儿童记录故事，并带领他们表演。一年后，她仍在幼儿园里担任志愿者。

践行"直升机故事"和"家庭直升机故事"两种方法的幼儿园，

已经找到了分享故事、在家庭和学校之间传递故事记录本，或者通过故事定期与家长对话的方法。伊丝拉在每所学校里都设立了故事分享板，家长和教师可以在上面发布故事。理解这些价值观为家庭和学校之间建立更紧密的关系开辟了道路。

接受过"家庭直升机故事"培训的家长感慨，对其中的许多人来说，这是他们离开学校后第一次进入教室，在积极的游戏环境中学习令他们感到非常兴奋。

"家庭直升机故事"给予我一个和孩子一起游戏的途径。在这次培训之前，我不知道该怎么做。我喜欢听他们的故事，编我自己的故事。更重要的是，当我做这些事情时，我也在帮助孩子学习。

## 医院直升机故事

珍妮弗·伦恩（Jennifer Lunn）是戏剧导演，也是 MakeBelieve Arts 的创意合伙人之一。多年来，她一直为患有重病的儿童编写直升机故事的改编本。

珍妮弗作为慈善组织中的故事讲述者之一，经常访问伦敦各地的儿童病房，分享故事。因为受过 MakeBelieve Arts 的讲师训练的缘故，她开始致力于将故事说演融入她与这些孩子的工作。

珍妮弗面对的一般是 3—16 岁的孩子。她坐在孩子们的床边，让他们知道她正在收集故事，并询问他们是否愿意将自己的故

第十章 持续发展——让故事说演适应新观众

事添加到她的故事集中,以便与医院里的其他孩子分享。她经常读孩子们讲的故事,然后问他们是否乐意说故事并由她记录下来。

如果一个孩子很难想出一个故事,珍妮弗会使用故事骰①道具,帮助孩子找到一个故事的起点。许多病情较重的儿童与同龄人隔绝,当周围没有同龄人时,掷骰子是支持他们的一种方式。故事骰一般分为三个骰子,分别代表角色、物体和地点,每个骰子顶部的图片连起来,可以启发儿童讲出一个故事。

珍妮弗面对的很多孩子都病得很重。她经常问一些问题,以支持孩子们讲述他们的故事,或者让他们重新关注活动。一旦记录完故事,她会把故事读给孩子们听,有时会邀请家长和护士一起听。

珍妮弗还尝试与演员们一起举办医院故事会,这些演员与她一起将孩子们的故事变得生动有趣。当孩子们在大病房里而不是在单独的房间里时,这种方法对他们来说更有效,因为单独的房间限制了讲故事的数量。另一方面,孩子们从成年人表演故事中获得的乐趣,为他们所说的话提供了另一层验证。

无论这些故事是被用来表演,向观众朗读,还是被收录在与医院里的其他孩子共享的故事集中,珍妮弗都认为这项工作在孩

---

① 英文为"Rory's story cubes",由三个立方体骰子组成,骰子的六个面有不同的图片。基本规则是玩家掷骰子,然后以"从前……"为开头讲一个故事,将三个骰子上显示的所有元素整合在一起。——译者注

子们生活的这种艰难时期是有价值的。

正如"直升机故事"让孩子们对自己的声音充满信心一样，这个过程也给了孩子们一个声音，以及一定程度的控制。这些孩子几乎无法控制自己的个人叙事，所以在他们真正需要的时候，这可以赋予他们力量。

（珍妮弗·伦恩，MakeBelieve Arts 的创意合伙人）

接下来的故事来自莫莉，她是一个 7 岁的孩子，每周在医院里用透析机透析三天。2014 年 6 月，在她的一个治疗日里，她向珍妮弗口述了这个故事。故事中关于外科的隐喻令人震惊。珍妮弗在过去的几年里，记录了数百个儿童的故事。值得关注的是，这些从患有严重疾病的儿童身上获得的故事，都包含了被困和随后被父母营救的情节。

## 可怕的鲨鱼

在海里生活着一种名为珍的鱼。她正在游泳，然后一条鲨鱼来了。珍的脸上露出可怕的表情，因为她想吓唬鲨鱼，但鲨鱼把她整个吞了下去。

在鲨鱼的体内，珍发现了一颗鲨鱼的牙齿。她用牙齿把鲨鱼切开。鲨鱼向她咆哮，但她自由了，游回了她妈妈的家。

妈妈看到了这条可怕的鲨鱼，它的肚子上被破了一扇门，这就是珍做的。她说"走开",但是鲨鱼又把妈妈吞掉了。

妈妈在鲨鱼的肚子里发现了鲨鱼的另一颗牙齿,她用它把鲨鱼切开。然后她游回家找她的丈夫。

当她的丈夫看到鲨鱼时,脸上露出可怕的表情,他设法把鲨鱼吓跑了,鲨鱼再也没有回来。

(莫莉,7岁)

看看这个故事,我们很容易看出故事说演法的潜力。它可以帮助孩子们走出他们的困境,在短时间内改变或控制叙述的结果。

珍妮弗的工作使住院儿童能够听到其他人的故事,欣赏处于类似境地的儿童的声音,并知道即使他们病情严重,他们的故事也会被倾听。

## 简的五年级学生

几年前,我有幸参观了简的五年级课堂,观察她如何使用故事说演法来评估和修订课堂故事。

简的班级里的桌子摆放成马蹄形,这样孩子们就可以在需要的时候,从桌子底下爬出去,进入表演空间。我到访的那天,他们刚刚完成故事的初稿,正要把故事演出来。

简一个接一个地朗读故事,邀请全班同学表演。故事的作者没有介入,而是选择观看他们的故事被表演出来,看看需要增加什么内容来加强他们的叙述。最后,全班同学讨论了每个故事,并提出了他们想让自己的故事更清楚的补充信息。

在一封电子邮件中，简告诉我："我一直试图说服我的学生重视修订故事的过程。虽然他们会这样做是因为我的坚持，但直到我们开始表演他们的初稿，他们才理解修订的内在原因。他们一看到自己的故事被表演出来，修订就成为写作过程中有意义的一部分。作者现在希望他们的话能准确地告诉演员该做什么和该说什么，所以当演员感到困惑或不明确方向时，学生们会立即对他们写的故事进行修改。"

这些学生认识到，表演自己的故事是故事创编过程中的一部分。他们对故事说演法的理解程度让我很惊讶。这对我来说很有意义。如果我想理解某件事，我会非常投入，大声朗读，甚至四处走动，以帮助我更加清晰地理解。看到这些年轻人从分享他们的作品中获得的好处，是令人难以置信的。因为他们的故事会被表演出来，所以他们能够生动地表现出自己想要传达的意象。这有助于他们了解自己的写作取得了多少进步，并意识到他们可能还需要做什么。

## 持续发展

当我思考故事说演的不同方式时，我清楚地意识到这是一种多么强大的方法。它将故事放在儿童学习的中心，并将他们的生活叙事与课堂叙事联系起来。它使用游戏工具来支持儿童的参与。

故事说演法可能还有其他的应用方式有待发现。对于本质上如此简单的事情，我很高兴有机会看到它是如何发展的。

不断进步，持续发展……

## 让我们以一个故事结束

从前，一只小鸟在他的巢周围飞。

然后他看到了一棵树，它看起来闪闪发光。

小鸟叫来妈妈。他告诉妈妈，他看到了一棵闪闪发光的树。

他的妈妈告诉他："世上没有闪闪发光的树。"

小鸟说："不，有。"

他的妈妈过来看。妈妈看到了那棵闪闪发光的树，并告诉他："让我们把所有闪闪发光的叶子都摘下来吧。"

然后他们就这么做了。

（杰德，4岁）

当我听到这个故事时，我感到很难过。我想了很多。鸟妈妈为什么要从闪闪发光的树上摘叶子？我问杰德这个问题，她说："因为她就是这么做的。"

我想了更多，我发现自己在想：当儿童和我们分享他们看到的闪闪发光的树时，我们会是什么反应？也许一开始我们会否认它的存在，我们并不是真的想去看，或者我们太忙了。但如果孩子们坚持，说服我们去看那棵闪闪发光的树——它可能是一幅画、一个模型，甚至是一篇文章，那么我们也许会开始建议他们可以做些什么来改进它。"也许你可以把天画成蓝色的，或者把眼睛粘在盒子的前面，或者把这个词改成更具有描述性的。"渐渐地，我们从他们的闪光之树上摘下树叶。原来是这样，难怪我感到难过。

后来我对"直升机故事"及佩利为诸多儿童和成人开创的世界产生了积极的思考，我逐渐意识到这是一种重视所有人的闪光之树的方法。

所以我希望你在开始这项工作时能发现许多闪光之树，以好奇和关怀的态度对待它，分享想象飞翔时的喜悦……

# 参考文献

Boal, Augusto. (1979) *Theatre of the Oppressed*. New York: Theatre Communications Group.

Cooper, Patsy. (1993) *When Stories Come to School: Telling, Writing and Performing Stories in the Early Childhood Classroom*. New York: Teachers and Writers Collaborative.

Cooper, Patsy. (2009) *The Classrooms All Young Children Need: Lessons in Teaching from Vivian Gussin Paley*. Chicago: University of Chicago Press.

Cremin, T., Swann, J., Flewitt, R., Faulkner, D., Kurcicova, N. (2013) Evaluation Report of MakeBelieve Arts Helicopter Technique of Storytelling and Story Acting. Esmee Fairburn Foundation, December.

Dennett, Daniel. (1991) *Consciousness Explained*. Boston: Back Bay Books.

Egan, Kieran. (1986) *Teaching as Storytelling: An Alternative Approach to Teaching and Curriculum in the Elementary School*. Chicago: University of Chicago Press.

Gottschall, Jonathan. (2012) *The Storytelling Animal: How Stories*

*Make Us Human*. New York: Mariner Books.

Haven, Kendal. (2007) *Story Proof: The Science behind the Startling Power of Story*. Westport, CT: Libraries Unlimited.

Holland, Penny. (2003) *We Don't Play with Guns Here: War and Weapon and Superhero Play in the Early Years*. Maidenhead: Open University Press.

Johnstone, Keith. (1989) *Impro: Improvisation and the Theatre*. London: Methuen Drama.

Katch, Jane. (2002) *Under Deadman's Skin: Discovering the Meaning of Children's Violent Play*. Boston: Beacon Press.

Lee, Trisha. (2011) The Wisdom of Vivian Gussin Paley. In Linda Miller and Linda Pound, *Theories and Approaches to Learning in the Early Years*. London: Sage.

Paley, Vivian Gussin. (1986) On Listening to What Children Say. *Harvard Educational Review*, 56, no. 2.

Paley, Vivian Gussin. (1988) *Mollie Is Three: Growing Up in School*. Chicago: University of Chicago Press.

Paley, Vivian Gussin. (1990) *The Boy Who Would Be a Helicopter: The Uses of Storytelling in the Classroom*. Cambridge, MA: Harvard University Press.

Paley, Vivian Gussin. (1998) *The Girl with the Brown Crayon: How Children Use Story to Shape Their Lives*. Cambridge, MA: Harvard University Press.

Paley, Vivian Gussin. (2000) *White Teacher*. Cambridge, MA: Harvard University Press.

Paley, Vivian Gussin. (2004) *A Child's Work: The Importance of Fantasy Play*. Chicago: University of Chicago Press.

Pinker, Steven. (1994) *The Language Instinct*. London: Penguin.

Robinson, Ken. (2009) *The Element: How Finding Your Passion Changes Everything*. New York: Penguin Books.

Singer, Isaac B. (1989) *Naftali the Storyteller and His Horse*. London: Faber Children's Books.

Trevarthen, Colwyn. (2010) What Is It Like to Be a Person Who Knows Nothing? Defining the active intersubjective mind of a newborn human being. *Infant and Child Development*, 20, 119–135.

Wolf, Gary. (1996) Steve Jobs: The next insanely great thing. *Wired Magazine*. February.

Wood, D. J., Bruner, J. S., & Ross, G. (1976) The role of tutoring in problem solving. *Journal of Child Psychiatry and Psychology, 17*(2), 89–100.